Negociemos!

Carlos F. Murro

Negociemos!

Ferramentas eficazes para soluções reais

IDÉIAS & LETRAS

DIRETORES EDITORIAIS:
Carlos Silva
Ferdinando Mancílio

EDITORES:
Roberto Girola
Avelino Grassi

COORDENADOR EDITORIAL:
Elizabeth dos Santos Reis

REVISÃO:
Ana Lúcia Leite de Castro Leite
Maria Isabel de Araújo

EDITORAÇÃO:
Marcelo Antonio Sanna

CAPA:
Reginaldo Barcellos

TRADUÇÃO:
Mário Gonçalves

Título original: *Negociemos! – Herramientas eficaces para soluciones reales*

ISBN 950-9681-98-9

IDÉIAS & LETRAS

Rua Pe. Claro Monteiro, 342 – Centro
12570-000 – Aparecida – SP
Tel. (12) 3104-2000 – Fax (12) 3104-2036
Televendas: 0800 16 00 04
E-mail: vendas@redemptor.com.br
Site: www.redemptor.com.br

Dados Internacionais de Catalogação na Publicação (CIP)
(Câmara Brasileira do Livro, SP, Brasil)

Murro, Carlos F.
Negociemos!: ferramentas eficazes para soluções reais / Carlos F. Murro; tradução de Mário Gonçalves. – Aparecida, SP: Idéias & Letras, 2004.

Titulo original: Negociemos!: herramientas eficaces para soluciones reales
Bibliografia.
ISBN 85-98239-15-1

1. Administração de conflitos 2. Administração de empresas 3. Negociação 4. Planejamento estratégico 5. soluções de problemas I. Título.

04-1955 CDD-658.4052

Índices para catálogo sistemático:

1. Negociação: Administração de empresas 658.4052

A Elda, minha mãe; a Ricardo, meu irmão, e a sua linda família; a Mariana. Em memória de meu pai, Roque, meus sentimentos e gratidão. À lealdade incondicional de Becker, criatura maravilhosa...

Todos eles me auxiliaram a ser alguém cada vez melhor.

INTRODUÇÃO

Sempre preferi a negociação, talvez por também preferir os espíritos livres e criativos. O fato de reprovar as arbitrariedades contribuiu para essa atitude e, assim como os que amam a liberdade dão tudo por ela, eu faço tudo pela Justiça.

Jamais apreciei alguém que me dissesse (ou me obrigasse) o que devo fazer; por outro lado, nos limites da convivência e da civilização, não posso impor aos outros meus critérios. Assim, se desejar progredir, se desejar fazer coisas mesmo que outras pessoas sejam contra total ou parcialmente, devo descobrir um caminho justo para conseguir realizar meus desejos.

Acima de tudo, gosto de progredir e de crescer intelectual e economicamente. Por isso devo acolher a lição e a opinião dos outros, se não quiser ficar estacionário. Vendo assim as coisas — e a vida em geral —, por mais que tenha procurado, ainda não encontrei melhor método que o da **negociação** para conseguir o que é justo.

Como mais adiante veremos, servindo-nos da negociação, teremos grandes possibilidades de fazer o que nos agrade ou convenha, deixando contentes também os outros[1]. Por quê? Porque

---

[1] Refiro-me aqui a todos os assuntos que puderem ser resolvidos através da negociação de acordo com nosso sistema legal.

não haverá ninguém que mande, force ou imponha condutas ou critérios, nem mesmo nós. O resultado será um processo engenhoso, ao qual se ligará todo tipo de recursos oriundos do talento e da razão humana, num quadro, repito, de criatividade e liberdade. Seremos limitados apenas pelas normas morais referentes a cada um de nós e pelo quadro legal em geral.

Se você se interessar pelo que foi dito porque a idéia o satisfaz, não o satisfaria também saber como colocá-la em prática, mediante o conhecimento de um sem-número cada vez maior de recursos, e torná-la mais eficiente?

É isso, pois, o que vou tentar fazer nas páginas seguintes: fazer com que se interesse pelas vantagens da negociação e transformá-lo num hábil protagonista desse processo.

Você deve ser uma pessoa que, ao longo da vida, em sua profissão ou atividade, teve de evitar com astúcia obstáculos e conflitos. Com certeza, a fim de consegui-lo, recorreu a uma das três opções seguintes:

Você mesmo os resolveu;

Você os resolveu com a ajuda de outros profissionais;

Você os resolveu através da Justiça ou de qualquer outro meio imperativo, como votações, julgamentos etc.

No primeiro caso, você se sentiu muito fraco ou inseguro, pois não conhecia a ciência certa para a qual o estava levando seu muito ou pouco talento para resolver disputas ou controvérsias. No segundo caso, gastou dinheiro, aceitou estilos e maneiras de atuar que não eram os seus e, além disso, não ficou muito satisfeito com o resultado. Do terceiro, é melhor nem falar: gastou enorme soma, passou grande parte da vida demandando, não entendia o que estava acontecendo e quando seu advogado lhe disse que tinha ganhado a demanda, ao ler a sentença, o sorriso de início foi-se transformando numa azeda e desagradável fisionomia de repulsa. Era uma vitória! Nem quero imaginar se na realidade era você quem tinha perdido o pleito.

Por isso, muitas vezes, fui tentado a considerar a negociação como ***uma maneira de fazer justiça com as próprias mãos***. Porém, como esse conceito está estreitamente ligado a uma maneira bem incivilizada de controlar as coisas, devo explicar aqui a que exatamente me refiro.

Enquanto o velho conceito do *far west* tem como condição necessária a total falta de respeito à lei (ou seja, resolvo o conflito como quiser e quando quiser, sem dar importância alguma à vontade do outro e às leis), ao negociar, faremos justiça com as próprias mãos, porque nos atemos à própria vontade (com a do outro), escolhendo nossos momentos e maneiras de agir, nossas normas, sem que ninguém nos diga o que fazer e como, **tudo no regime legal aplicável às pessoas, à matéria e às coisas negociadas**.

Pode ser num relance, mas logo após a explicação, continuo tentando visualizar a negociação como um mecanismo de "fazer justiça com as próprias mãos". Vejamos se, depois de negociar, chego a um acordo com a outra parte, fiz "Justiça" ao conflito que antes era um problema. Se, pelo contrário, o acordo não foi possível, também fiz Justiça, pois o acordo que não era justo também não me foi imposto e tenho outros caminhos para consegui-lo. Mediante a negociação fiz tudo o que pude e o que quis, tanto com o acordo como sem ele.

Parece-me que vejo sua fisionomia de satisfação enquanto lê essas considerações. Seus olhos brilham porque se sentem mais à vontade, mais soltos. A partir de agora, poderá resolver seus problemas sozinho, como desejar. Mas no estado em que nos encontramos, meu amigo, **seremos galinhas soltas numa área dominada por raposas**.

Devemos nos tornar fortes, porque a liberdade é muito severa com os fracos e desprotegidos. E a maneira de nos tornarmos fortes no assunto que nos concerne é conhecer, praticar e executar todos os meios ligados à teoria do conflito e da negociação. Tirar desses conhecimentos os instrumentos mais eficazes, mais úteis, para se aplicarem no momento certo. Eficiência e oportunidade.

É bem provável que você já tenha conhecimento da teoria da negociação. Aposto que você já fez algum curso ou seminário, ou leu algum livro que não este sobre o assunto. Isso porque existem muitos cursos sobre o assunto, a maioria de excelente qualidade. Enfim, é um tema da moda, pois todo ser humano quer resolver seus problemas da melhor maneira possível e com o menor custo. E, se a isso juntarmos a desconfiança cada vez maior nos Tribunais de Justiça como organismos capazes de resolver nossos problemas, veremos que em futuro próximo, todos deveremos saber como negociar com eficiência.

Como fiz cursos, li obras de professores e culturas diferentes, e porque me capacitei no exterior com relação ao tema em discussão, posso acreditar na grande quantidade e na qualidade de informações à disposição, como também na variedade de técnicas que podemos obter, ao pesquisarmos e nos informarmos no campo da negociação, onde quer que estejamos. **Mas se decidi aprender mais e mais, foi porque notei que à cultura latino-americana conviria muito bem adaptar, ajustar e aperfeiçoar toda a teoria ao nosso modo particular de ser, nossa maneira peculiar de entrar em contato com a teoria do conflito**.

Estou certo que a transmissão dos instrumentos da negociação (oriunda principalmente de culturas mais adiantadas nesse aspecto) foi até agora bastante direta e muito rigorosa para com nossa idiossincrasia, a ponto de sermos nós quem, de alguma maneira, tivemos de adaptar-nos aos diferentes meios substanciais e básicos da negociação, como o uso do tempo, do poder e da informação. Comprovamos, assim, construindo caminho enquanto andamos, que os conteúdos, os ensinamentos, na maioria dos casos, não se adaptam ao nosso meio e a nossa cultura. Para mim, há uma falta de empatia ou de compreensão do ensino desses meios relativas a nossa maneira de ver as coisas, à nossa realidade sociocultural. Não poderia, porém, ser de outra maneira. Para ser sincero, acredito que é lógico: os instrumentos da negociação são de séculos antes de Cristo, foram aperfeiçoados e melhorados pelos orientais, pela cultura anglo-saxônia e, modernamente, pela americana e, seja como for, **que fique claro que não foram projetadas especialmente para nós**.

De fato, nós, latinos, somos e viemos de culturas muito diferentes, partindo da mesmíssima visão que temos do conflito. **Na realidade (a nossa), na qual a estabilidade é o circunstancial e curta a distância entre uma crise e outra**, é complicado aceitar compartilhar a mesma visão do que é "conflito" ou "crise" com outras culturas como a anglo-saxônia ou a oriental, por exemplo.

Por isso, seria muito melhor não serem os outros a adaptar ao nosso cotidiano os instrumentos de resolução de conflitos, pelo simples motivo de terem nesses pontos um ambiente de mercado interessante, embora não nos entendam totalmente. Isso porque temos uma maneira especial (como integrantes da cultura latino-americana em geral e a Argentina em particular) para criar, visualizar, administrar e solucionar conflitos. E isso desde o mais simples ao mais complexo.

Exemplo do primeiro? Somos muito mais sentimentais, mais complicados para tomar decisões (damos muitas "voltas") e geralmente nossa comunicação é em tom de voz mais alto do que a cultura anglo-saxônia ou oriental. Exemplos relativos a questões mais complexas? A utilização e o sentimento com relação ao poder, a cultura anglo-saxônia tem uma perspectiva muito diferente do poder, partindo basicamente do fato de que se encontram muito mais perto de suas características, desde os simples cidadãos (que negociam totalmente protegidos pelas normas de proteção ao consumidor diante das corporações, sentindo-se, por isso, poderosos nas negociações), como as mesmas corporações quando negociam entre nós, frente a empresas extremamente pequenas se comparadas, ou com nossos próprios governos, necessitados de investimentos e emprego de mão-de-obra para o crescimento das economias fracas (por isso, essas corporações também se sentem poderosas).

Entretanto, geralmente estamos habituados a negociar em condições de desvantagem: não nos é dado ostentar poderio econômico, político ou militar. Às vezes, nem mesmo institucionalmente somos fortes. Se negociamos como cidadãos, somos fracos diante das empresas, pois não temos suporte legal que nos proteja devidamente frente aos monopólios, oligopólios ou abusos de qualquer natureza; se negociamos como empresas, a crescente participação de empresas estrangeiras em nossas economias (que sejam bem-vindas) faz que sempre nos encontremos frente a uma corporação multinacional repleta de recursos e de meios que desequilibram a balança do poder; se negociamos em nível de país, não podemos amenizar nem com bombardeios, nem embargos, nem sanções econômicas, nem com "lobbys" nas Nações Unidas. Assim, precisaremos naturalmente de técnicas de persuasão bastante variadas; não é verdade?

O mesmo acontecerá com os estilos de negociação: falou-se deles à saciedade e geralmente recorrendo-se às mesmas classificações (cruel, rival, concorrente etc.). Sem prejuízo para algum estilo aqui caracterizado não muito estudado anteriormente, tenho especial cuidado ao fazer uma análise correta aos antigos. O que significa que incorporei nossos próprios estilos, ritmos e personalidades, pois **não terão o mesmo perfil um concorrente americano, ou um argentino ou colombiano, um concorrente japonês ou um chileno, mexicano ou uruguaio**.

Sem prejuízo para o que se disse, cuidei ao máximo **para que todo o material deste livro e as sugestões nele contidas, pudessem ser aplicados com bastante facilidade a sua vida diária, onde quer que você precise da negociação**. Ou seja, que se torne instrumento positivo e prático que sirva para solucionar seus problemas. E isso como conseqüência de que não foram poucas as ocasiões em que as pessoas comentaram comigo, ao final de seminários ou cursos, ou após ter lido algum livro sobre negociação, que tenham ficado vazias, além da compostura intelectual da proposta que ouviram, pois não conseguiam inserir-se adequadamente na vida real.

Então, com modéstia, esta será minha referência a respeito: procurei conciliar a teoria da negociação com nossa prática cotidiana, procurando explicar as coisas a partir de uma visão bem nossa, levando em conta nossos defeitos e virtudes. Por isso, decidi, entre outras coisas, que podemos neutralizar um erro próprio de nosso modo de ser: **a falta de planejamento,** e podemos intensificar uma grande virtude: **nosso poder de improvisação, nossa versatilidade e criatividade**. Para isso, ofereço à consideração ensinamentos provenientes de uma cultura tão longínqua quanto antiga, a China (mas grande quanto ao que se refere a esses aspectos).

O material destina-se a um amplo segmento de pessoas: **o cidadão comum**, que encontrará neste método uma maneira ideal de resolver mais problemas domésticos do que imagina, evitando dores-de-cabeça e preocupações; o estudante universitário, cujas perspectivas forem inserir-se num mundo do trabalho generoso na produção de conflitos (estudos profissionais, empresas, administração pública, política etc.); **homens de negócios ou executivos** que quiserem conciliar a solução de seus problemas com a exigência de eficiência e baixos custos; profissionais em geral (advogados, contabilistas, engenheiros, gerentes de corporações) que devam ocorrer em intrincadas organizações de alta competitividade. Também ao **professor universitário**, diante da crescente exigência de seus alunos para conhecer as principais técnicas dessa arte. E, basicamente, ao sofrido **empresariado da pequena e da média empresa**, com o objetivo de que esta obra alivie seu desenvolvimento numa crescente e cada vez mais sofisticada economia de mercado, com a qual ideologicamente comungamos e, a partir daí, tentar aceitar os caminhos pelos quais deverá caminhar.

Procurei incluir todas as preocupações que, normalmente, meus alunos têm ou que geram como lógico intercâmbio durante os cursos de capacitação. Obrigado a todos eles por me darem esta oportunidade.

Espero que o leitor possa aprender com este livro e, ao terminar sua leitura, perceba que incorporou valiosos instrumentos que o ajudarão positivamente nos diferentes aspectos de sua vida, na qual as coisas, por força das circunstâncias, se tornaram complicadas.

1

O NEGOCIADOR AUTODIDATA

Tornando-nos negociadores

O ser humano, infelizmente, é bastante inclinado a gerar conflitos. Como é muito difícil conviver com eles, ao longo de toda a sua história, procurou solucioná-los das mais diversas maneiras. Uma delas é a negociação.

A metodologia de resolução de problemas, por aplicar-se de maneira cada vez mais eficiente, foi transformando-se num instrumento bastante interessante para resolver nossas questões, a ponto de, hoje, não podermos prescindir dela sem colocar em risco a paz social.

Por isso, começou a se desenvolver uma forte tendência para se conhecer cada vez mais o tema da negociação, mas de maneira mais científica. No Ocidente, a imperiosa necessidade de contar com maneiras de resolução de conflitos que não levam em conta a utilização da força bruta ou a violência (guerra, terrorismo etc.) contribuiu para que muitos estudiosos competentes pesquisassem e, finalmente, desenvolvessem técnicas que hoje são ensinadas nas mais importantes universidades do mundo como Teoria e Instrumentos da Negociação.

Esse progresso, porém, não é tão antigo (diferentemente do Oriente, onde a cultura negociadora, suas artes e técnicas eram divulgadas desde há muito), mas começou muito recentemente, sobretudo depois da Segunda Guerra Mundial. O brilhante projeto de Negociação de Harvard com o professor Roger Fisher à frente é um bom exemplo daquele começo.

É claro que se começou pelo entendimento da negociação a partir de seus bons resultados: trata-se de um método não violento de resolução de questões e, na maioria dos casos, mais econômico do que outros mecanismos, como a guerra ou os intermináveis confrontos judiciais nos Tribunais. Uma vez comprovados os benefícios, prosseguiu-se verificando que existiam negociadores mais eficientes do que outros que conseguiam melhores e mais duráveis acordos. Isso motivou as Escolas de Negociação a procurar sistematizar suas artes e técnicas, como também a investigar novos e melhores instrumentos para serem utilizados pelos futuros negociadores.

Independentemente do ensino e da mais ou menos abundante literatura sobre negociação que podemos encontrar, surgiu uma grande leva de "especialistas" em negociação, com os diferentes estilos, virtudes, defeitos e seus diferentes resultados. É que existem negociadores de todo tipo (cujos estilos mais representativos veremos com vagar mais adiante); mas acima das forças naturais e espontâneas que poderemos ter como talento inato, na grande maioria nos distinguiremos (pelo menos antes de aperfeiçoar-nos) **para negociar de maneira improvisada e não profissional**.

Não há dúvida de que temos uma tendência natural para resolver nossos conflitos, para não permitir que vão adiante ou explodam e, assim, de forma circunstancial, vamos tomando contato com a negociação no começo de nossa vida, mas como se fosse um a mais dos processos de aprendizagem primária, do mesmo modo a linguagem elementar, a idéia de caminhar ou comer com boas maneiras.

Observemos como nos tornamos negociadores: As primeiras "manhas" para negociar, nós as adquirimos, desde bem pequenos, espontaneamente. E, com o passar dos anos, devemos continuar negociando em assuntos de importância cada vez maiores.

Assim, quando crianças, negociávamos de improviso e com pouquíssimos elementos, com nossos pais, por exemplo. Será, de início, um processo de grande pobreza técnica, levada em conta a escassez de recursos manejados (emoção, expressão gestual, intuição e a persistente vontade de conseguir os objetivos que sempre distinguem o ser humano). Essa limitação não será, entretanto, empecilho à obtenção de certas vitórias e que, com certeza, todos conseguimos, seja para ganhar mais tempo na televisão, melhor sobremesa, menos sopa etc. Não devemos, porém, cair na tentação de lidar apenas com recursos emocionais de uma criança, pois nem sempre teremos muita sorte: **na vida não negociamos somente com quem nos ama.**

Um pouco maiores, negociamos com nossos mestres ou professores: a fim de ter menos aula, mais recreio, boas notas. A todos os nossos recursos se juntam o conhecimento empírico, que nos alertará sobre as técnicas utilizadas sem resultado e nos predisporá a usar as que tiveram algum sucesso no passado.

Adultos, a negociação será com nosso primeiro patrão, a fim de obter maior salário ou mais férias. Nossos recursos não terão crescido significativamente, a não ser pelo fato de termos mais experiência e por conhecermos a vantagem de poder agir com prudência e certo tato.

A vida nos proporcionará possibilidades de participar de negociações com mais carga emocional ou afetiva, sobretudo em nossos primeiros encontros amorosos, e depois — e fundamentalmente — no casamento ou na vida de casados.

A carga emocional torna esses processos mais espinhosos e com forte compromisso quanto ao que se refere à pessoa, pois têm curso as primeiras lutas de interesse e espaços de poder não só na área do dinheiro ou do trabalho, mas no campo dos sentimentos e dos afetos. Entretanto, nós continuamos negociando apenas com a força de nossa experiência e intuição, seguindo nossas maneiras ou "técnicas" para serem aplicadas em qualquer tipo de negociação, como se todas fossem iguais.

A inserção no âmbito da empresa, do emprego ou do trabalho autônomo, exige muito de nós, pois muitas de nossas negociações proporcionam conseqüências muito importantes para nossa vida e para nosso patrimônio.

Transformamo-nos, por necessidade vital, em *negociadores à força*. A grande quantidade de conhecimentos empíricos acumulados em nossa história forma o hábito de negociador e mais além de vitórias ou derrotas, a maneira e a atitude com que o fazemos habitualmente **nos levam a pensar que sabemos negociar**.

É então que, sem que encontremos a referência científica nos livros sobre o assunto, sem sutilezas e com certa autoridade, aparece em sua versão mais perfeita o "personagem" mencionado no título deste capítulo: *negociador autodidata*.

Todos e cada um de nós fomos uma vez ou outra negociadores desse tipo. A diferença se firma no fato de que muitos **morrem negociadores autodidatas**. Desde já, diga-se, nada de mal há nisso, pois nem todos devem tornar-se negociadores especialistas a fim de cuidar de seus negócios. Mas pressupõe que, se você está lendo este livro, é porque seus conhecimentos e técnicas de negociação não foram suficientes para resolver seus conflitos e tem a necessidade de saber o que está fazendo certo ou errado. Você precisa ou deseja incorporar novos e mais eficientes instrumentos que o auxiliem a ultrapassar com mais comodidade os inconvenientes que possam surgir no futuro.

Em primeiro lugar, reconheçamo-nos ou reconheçamo-los. Que é o negociador autodidata? Por que nos encontramos com ele e continuaremos nos encontrando pelo resto da vida?

Como distinguir ou distinguir-nos como negociadores autodidatas?

O protótipo desse tipo de negociador nos falará de uma pessoa que muito provavelmente tenha obtido várias satisfações pelos interesses que submeteu a seus processos de negociação. Sabe que persegue um objetivo, sabe que deverá lutar a fim de consegui-lo, sabe que não o poderá conseguir mediante a força, sem passar por conseqüências bastante desagradáveis, tendo em vista que convive numa comunidade civilizada. Então negocia.

Claro que mais freqüentemente não define seu objetivo. Seria como se não o imaginasse, não procurasse visualizá-lo como um objetivo concreto mentalmente e, por isso, não consegue defini-lo, dar-lhe realmente uma forma ou todas as formas que esse objetivo poderia ter. Seu rol de atuação no processo de negociação será a expressão de todos os seus conhecimentos na matéria, ou seja: habilidade, experiência, imitação de gestos e de estilos que uma vez ou outra viu serem utilizados com bom resultado. Ou imitará outros bons negociadores que tiver encontrado pela frente. Será sedutor, duro, delicado em suas maneiras ou rude, mas saberá lidar com todos os recursos, orientando-se unicamente por sua intuição ou por seu talento.

Terá, com certeza, "um bom faro" obtido por força de ter passado por muitos confrontos. O faro será seu motor principal e o informará quando utilizar seus estilos. A ansiedade e não a prudência marcará seus momentos; sua ambição e não a astúcia o tornará intransigente; sua fraqueza e não sua inteligência prática o fará ceder e fazer concessões. Será persistente no momento mais inoportuno e será flexível quando seu adversário pensava ceder. Por último, poucas vezes se servirá do pensamento isolado e se encerrará no problema mais do que buscar sua solução.

Assim, o tempo sempre lhe é contrário; não sabe obter informação ou se expõe muito ao procurá-la. Entretanto, em geral e apesar de seus esforços e riscos, carecerá do instrumento mais importante. E isso pela simples razão de que não sabe que informação buscar.

Acredita que os poderosos sempre ganham e não sabe como alcançar poder para negociar mais eficazmente diante deles.

Em geral, vê seu triunfo na derrota do outro e muitas vezes procura obter mais do que pode. Sente a falta de satisfação de seus interesses ou a falta de acordo como um fracasso pessoal. Sua auto-estima decairá e, sobre o resultado alcançado pelos outros, muito possivelmente sentirá ódio ou sentimentos tão negativos: desejos de desforra ou depressão.

Atribui à linguagem gestual uma transcendência quase religiosa e valores predeterminados a cada passo de seu interlocutor, sem suspeitar de que pode ser enganado: os negociadores são muito bons artistas.

Poderá ter ou não consciência do assunto que realmente está negociando, mas em todos os casos não fará uma análise rigorosa até aonde o levam suas ações. E mais: muitas vezes pensará que se estiver negociando, o acordo é uma espécie de resultado lógico, pelo qual muitas vezes se esforçará. Porque não sabe que, justamente, um dos mais preciosos benefícios do processo de negociação é *não chegar a acordo algum e procurar as melhores alternativas*. Acontece que, assim como ocorria com seus objetivos, lamentavelmente, sua marcha também é às cegas.

Jamais se perguntou: Que é saber negociar? Seria o toma lá, dá cá? Seria o jogo de soma zero? Seria ser inflexível e buscar a vitória pessoal? Seria ser fraco e fazer concessões? Quando é que negociamos bem?

Sabemos que existem técnicas e instrumentos de negociação? Sabemos que existem técnicas para a tomada de decisões, para a busca de informação, para detectar posições e interesses? Sabemos dominar todos os estilos de negociação para serem utilizados conforme nos convenha?

Descobrimo-nos nessa descrição?

É evidente que o negociador autodidata alcançou "vitórias", ficou muito contente com muitos acordos conseguidos, mas... Foram os melhores acordos? Foram acordos duradouros?

E se, pelo contrário, tiver sofrido algumas "derrotas"... Pôde evitá-las e não o fez? Pôde restabelecer-se, aprendendo com seus erros?

Nos próximos capítulos, veremos como nos transformaremos em bons negociadores. Para isso, primeiro entraremos em cheio no motivo e causa de nossa necessidade de progresso: o conflito...

2

O CONFLITO

Discutir o conflito num livro sobre negociação não é nada comum, pois se esse formidável instrumento de resolução de demandas acontecer, será devido a que antes houve um desentendimento entre partes para solucionar. Deve-se enfatizar, embora nos pareça óbvio, que muito dificilmente haverá de existir qualquer remédio. Acontece que, muitas vezes, começam-se a estudar teorias para resolvê-las na suposição de saber de que se trata, como se a palavra conflito falasse por si só, dando-nos a entender tudo sobre sua existência. Levando-se em conta que isso não é assim, para a melhor compreensão dos instrumentos ou técnicas que veremos, é necessário conhecer o que constitui o assunto principal sobre qual atuará a negociação e que é, indubitavelmente, o conflito.

Com a certeza de que faremos um trabalho muito mais eficiente se soubermos, embora apenas basicamente, quais são as causas do surgimento (e as diferentes peculiaridades) do que nos obriga ou induz a negociar, é que proponho que se veja rapidamente a teoria do conflito. Se o conhecermos, levamos vantagem sobre os que se lançam à negociação não sabendo sobre o que atuam.

O trabalho dos negociadores é de suma importância para a sociedade moderna, pois a sofisticada dinâmica dos assuntos sociais exige tratamento rápido na solução das questões, com baixos custos e eficiência nos resultados. Tudo isso no-lo fornece a negociação bem feita e daí também a responsabilidade que devemos ter no momento de tomar atitude sobre os problemas. Se alguma vez chamei os negociadores de "*pacificadores sociais*", a primeira coisa será determinar quando e por que a paz não mais existe.

Vejamos de que trata a falta de paz no que concerne à negociação e ao respeito àquilo que nos interessa, para sermos melhores negociadores.

Se algo existe, que sempre acompanhou o ser humano durante toda a sua história, é o conflito. Não existe homem, grupo humano, raça, etnia, nação ou civilização alguma que não tenha tido de passar por ele, e pode-se afirmar que ele faz parte da natureza humana. E isso se deve a que o conflito (sem prejuízo para as teorias que o explicam como síndrome da psicologia do homem, ou seja, que o homem pode entrar em conflito consigo mesmo, ainda que isolado) sempre está presente nas relações humanas, não se dá por geração espontânea nem *in vitro*.

De fato, uma vez que o homem é animal social, o conflito o acompanhará, "valendo-se" de seu vínculo complicado. Por isso, se é que não realizamos abstrações mais propensos a viver em laboratórios de intelectuais que na crua realidade, o conflito é uma sorte de acompanhante parasitário do fato social: raramente se encontra isolado, independente de uma relação principal que lhe dê origem e lhe dê vida e sustentação para continuar existindo.

O tema que propomos jamais foi simples, pois se trata de um estado de coisas de complexidade variada que se apresenta sempre como um desvalor para o indivíduo. Para desentranhá-lo, convém primeiro captar qual a essência do mesmo e, assim, entender como pode surgir, como nos afeta, como administrá-lo enquanto dura e analisar possíveis remédios para sua solução (de que se tratará não só neste capítulo, mas também nos seguintes). Vejamos.

O homem tem interesses e eles, por usa vez, podem ser iguais, compatíveis, complementares ou opostos aos interesses de outros seres humanos. A diferença de valores, os objetivos distintos e percepções que temos a respeito deles e do mundo dos fatos e das coisas constituirão as fontes geradoras ou pontos de partida dos conflitos, eis por que nos encontramos com uma extensa gama de possibilidades de que se produzam ao longo de nossa vida.

Não é fácil compreender: ao sermos motivados por determinado interesse, a oposição de outro gerará uma contradição representada pelo risco do desaparecimento ou transformação de nosso interesse originário. Ninguém deseja fazer o que não quer ou não lhe convém e, quando essas maneiras de agir opostas entram numa variável de competição, é normal que alguém procure impor ao outro seu interesse. Nesse estado de coisas, surgirá o conflito, de maneira que o podemos descrever e definir dizendo que existe quando dois ou mais interessados procuram obter objetivos que são, ou parecem ser, contraditórios e excludentes.

AS PERCEPÇÕES COMO FONTE DO CONFLITO

Por que razão dizemos que o conflito pode surgir? Basicamente devido às percepções. O início da teoria das percepções foi magnificamente exposto por Platão no mito da caverna, no qual se explica a diferença entre aparência e realidade[2].

[2] Segundo o mito, estavam presos na caverna os que não tinham o conhecimento. Tinham por trás a fogueira, podendo somente perceber suas próprias sombras refletidas nas paredes da caverna. Alguém saiu dela e pôde ver a luz do sol e todas as outras coisas. Primeiro, coisas verdadeiras e não formas distorcidas das coisas verdadeiras, percebendo que antes tinha sido enganado por suas percepções: na realidade tinha visto mais do que sombras (cf. *O mito da caverna*, em Platão, A República, Livro VII).

De fato, a partir do aspecto que nos interessa, perceber é a carga subjetiva que juntaremos às possíveis causas de geração do conflito. Quando outro ser humano exterioriza uma atitude, fato ou ação, nossa tendência é atribuir-lhe determinada intencionalidade. E se trata de uma atribuição com muitas possibilidades de transformar-se uma na outra, pois, por sua vez, a outra parte também fará o próprio respeito a nossas atividades ou atitudes.

O fato de perceber significará a construção de um conhecimento pessoal resultante de impressões captadas por nossos sentidos. Assim, não é falso afirmar que a realidade será tal como cada um de nós a percebe. Dado que as percepções são fortemente influenciadas pelo contexto sociocultural no qual nos formamos e por todas as nossas peculiaridades, como o lugar onde estamos (familiar, econômico, geográfico etc.), nossa filosofia (maneira de pensar) e nossa pertença a determinado grupo (corporação, nação etc.), é evidente que as possibilidades de captar as condutas do outro como ameaçadoras não são disparatadas mas, antes, comuns e ordinárias. Por essa razão, como já sugeri, as percepções constituem uma das causas principais de geração de conflitos.

Considerando que sempre é possível aceder aos fatos a partir de diferentes pontos de vista, compreende-se perfeitamente que possam ser "contaminados" por uma apreciação subjetiva e interessada. Logicamente, isso os desvirtuará, pois essa influência não pertence ao fato em si, mas ao interessado. Realmente, esse tipo de influência vem a constituir-se uma espécie de "carga" que afeta o fato puro, transformando-o, não em sua essência mas em sua aparência que, eventualmente, será conflituosa. Por isso, se conseguirmos neutralizar essa "carga", ou seja, separá-la do fato, ele ficaria livre de toda subjetividade e com amplas possibilidades de não cair numa contradição. Detectar esse tipo de influência ou carga e delimitá-la é a base da tarefa que todos chamam de "prevenção do conflito".

Para compreender que se pode "contaminar" mediante nossas

percepções um fato não conflituoso (ou seja, puro e simples), coloquemo-nos na perspectiva que poderemos ter dele, quando, por exemplo, o visualizamos a partir de nossa localização, ideologia ou pertença a determinado grupo:

a) Ubiquação

É o lugar que a pessoa ocupa quando visualiza o fato. Pode ser também determinada função que desempenhe ou que o indivíduo se autodetermine. Coloquemos, por exemplo, uma pessoa que perceba ou imagine que é um moderador ou coordenador de um grupo de tarefas. Com certeza, qualquer fato que ameace a ubiquação será imediatamente identificado como conflituoso, pois o aceita a partir de determinada função. Entretanto, se a função tivesse sido outra (por exemplo, um membro qualquer do grupo), esse mesmo fato teria tido uma dimensão diferente.

A ubiquação determina de tal maneira a aparência do fato em questão, que se a pessoa não estivesse no lugar certo a partir de onde o visualiza, com certeza o fato não se teria tornado conflituoso.

b) Ideologia

O mesmo acontecerá segundo pertençamos à ideologia ocidental e cristã, à cultura muçulmana ou a qualquer outra. Com certeza, um mesmo fato terá interpretações diferentes segundo seja "filtrado" (percebido) por nossa ideologia, derivada de uma religião ou de determinada cultura.

c) Pertença

O fato pode ser visto sob o aspecto da pertença a determinado grupo, por exemplo, a empresa onde trabalhamos. Assim, um mesmo fato (lançamento de um refrigerante, por exemplo) será visto de maneira diferente segundo trabalhemos numa empresa competidora ou numa petroleira. Imaginemos ainda o caso do membro de uma família, a partir do qual um fato será visto de modo diferente se presumivelmente ameaçasse um dos integrantes da mesma ou se neles não influísse em absoluto; ou, antes, a pertença a determinado país, a partir do qual um fato será visto diferentemente se for manifestado por um país inimigo ou se for feito por um país neutro ou amigo.

Então, através das percepções, sujeitamos determinado fato a tanta sensibilidade (o sensibilizamos com nossa cultura, nossa ubiquação, nossa pertença etc.) que acabamos o adulterando com uma carga subjetiva que contagia. Assim, de um fato puro e simples, surge uma ameaça.

Gráfico 1: A ameaça gerada pelas percepções

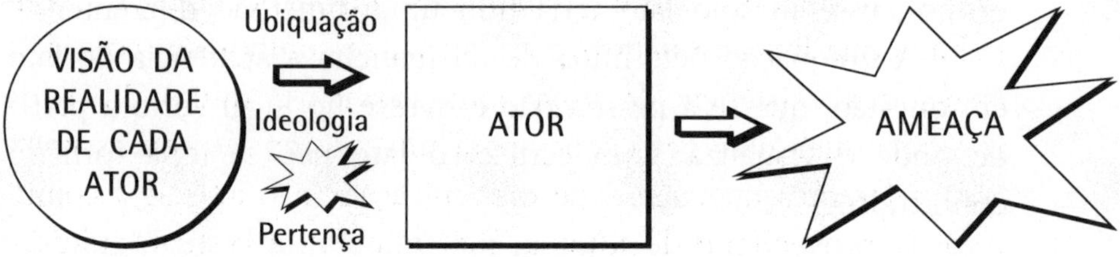

Ora, já sabemos como, graças a uma percepção, um fato se transforma numa ameaça. Entretanto, para chegar ao conflito falta um passo: enquanto o fato visto como uma ameaça para os objetivos ou para o interesse de alguém não for visualizado do mesmo modo por outra pessoa, ou não existir uma provocação arbitrária de um deles para com o outro, o conflito não acontecerá, pois se manterá em estado de expectativa ou potencial na mente ou nas manifestações de uma das partes. Por isso, o passo que falta será dado quando a percepção, da qual falávamos, for compartilhada; eis por que, com certeza e se for verdade que não se previne, surgirá o conflito. Em síntese: pela carga das percepções, o fato terá sido rompido pelas pessoas que o visualizam de tal maneira que, já convertido em parte da realidade de ambos, teremos a desagradável conseqüência de sua adulteração: o conflito.

Como dizíamos no início, a natureza do conflito é complexa, pois incide sobre ela grande variedade de elementos, a maioria subjetivos. Assim, às vezes, é de admirar como se complicam circunstâncias banais. O que se disse anteriormente não é raro, a menos que notemos que os seres humanos tenham tantas peculiaridades que nos influenciam e que, definitivamente, nos distinguem uns dos outros (recordemo-nos da ubiquação, da cultura, da pertença etc.). Isso contribuirá para que, com essa carga de influências, nossas percepções possam distorcer-se, ao que, com certeza, se somará o fato de que, muito dificilmente tenhamos, com nossos interlocutores em questão, os mesmos caminhos de comunicação, com a conseqüente confusão de critérios comuns que nos tivessem facilitado o entendimento espontâneo.

Sendo assim, não é pela simples providência dos acontecimentos que um fato neutro pode tornar-se conflituoso, pois já se analisou a existência de uma equação viciosa muito difícil de reverter: diferentes percepções para um mesmo fato ou assunto, com diferentes linguagens de comunicação (não apenas a comunicação proveniente do idioma, mas também a gestual, cultural, social etc.).

Com efeito, será complicado fazer entender ao outro que nossa exteriorização não é uma ameaça, pois temos a linguagem apropriada para comunicá-lo e, pelas mesmas razões, o "ameaçado" tampouco poderá explicar por que sente que o fato é uma ameaça, com o qual nenhum dos dois terá possibilidades de compreender que o conflito, na verdade, não é real, mas tão-somente aparente.

Assim, torna-se evidente que as percepções podem alterar a realidade das coisas: fica claro que elas podem modificar a certeza que possamos ter de um fato não conflituoso, afetando-o de maneira tal que nos pareça o contrário. Mas também (e infelizmente) pode acontecer o contrário: que nossa apreciação nos indique que um fato que em qualquer tipo de circunstância, por não ter sofrido essa "contaminação", ter-se-nos-ia apresentado como conflituoso, como conseqüência da subversão de seu valor intrínseco motivado pelas percepções, agora nos pareça não conflituoso, o que, como é de supor-se, é muito perigoso.

Analisemos: quando adulterávamos de tal maneira um fato puro e simples não conflituoso noutro que o fosse, de alguma maneira estaríamos "comprando" desnecessariamente uma briga, daí sua inconveniência. Mas se um fato conflituoso, por efeito de nossas percepções, for visto como sendo o contrário, seria o mesmo que ficar camuflado, em estado de hibernação: pode apresentar-se no momento mais inesperado do que realmente é. Portanto, a periculosidade está em que nosso erro de apreciação pode colocar-nos diante do conflito em estado de total indefesa, como aprisionado diante da surpresa de seu surgimento, quando na realidade sempre esteve aí, mostrando-nos sua cara e nós não sabíamos ver. Essa situação é que será mostrada no gráfico 2, item 3.

Enfim, e levando-se em conta as percepções como fonte de geração de conflitos, podem originar-se diferentes situações, que procuraremos explicar através do gráfico seguinte:

Gráfico 2: As percepções e a existência do conflito

FATO	PERCEPÇÃO DAS PARTES DO FATO		
	As duas partes percebem que existe conflito	Uma das partes percebe que existe conflito e a outra não	Nenhuma percebe que existe conflito
CONFLITUOSO	1	2	3
NÃO CONFLITUOSO	4	5	6

1. *As duas partes percebem que existe conflito e o fato é conflituoso*

Trata-se de uma situação de extrema normalidade, pois o fato em si mesmo é conflituoso e assim é visualizado pelas partes. É o que acontece, por exemplo, diante do adiamento de uma dívida. O devedor sabe que sua falta de pagamento em tempo e forma gerará para ele um conflito e, por sua vez, ao não receber o pagamento do débito, o credor percebe que se encontra numa situação de conflito: não receber seu dinheiro como foi combinado. Ao existir um fato conflituoso e a consciência dele, pelas partes, cada um atuará sem confusões e, portanto, a resolução dependerá exclusivamente das propriedades e do tipo de formas de resolução de conflitos que possam ter escolhido.

2. *Uma das partes percebe que existe conflito, a outra, não, e o fato é conflituoso*

Nesse ponto, e continuando com o mesmo exemplo, existirá a mora do pagamento, tornado-se o fato conflituoso por isso, mas o devedor se confundirá e acreditará que tem prazo para pagamento. O que convém aqui é que uma percepção errada, por exemplo, que o credor saiu de viagem, levou-o a interpretar errado essa conduta, a ponto de entender que tinha aumento de prazo para o cumprimento de sua obrigação. Essa percepção o faz cair numa situação de risco gerada pela conflituosidade própria do fato e que o devedor, ao interpretar mal certas condutas do credor, não percebeu, expondo-se a pagamentos de juros por interesses, medidas judiciais, embargos, deterioração de seu conceito no comércio etc. Além disso, existirá risco possível para a escalada do conflito, pois o devedor, ao continuar enganado por sua percepção, tomará atitudes defensivas e/ou agressivas diante do que considera uma injusta demanda por parte do credor, quando reclamar com justiça seu direito. Como se viu, uma das partes está confusa e a continuar assim, a resolução do conflito se agravará; eis por que se aconselha atacar, antes de tudo, a existência da confusão. Os assessores, com este tipo de problema, deverão tentar tirar as partes da confusão antes de se vingarem de maneira radical: dente por dente, olho por olho. E não se deve menosprezar esse tipo de situações, uma vez que elas acontecem com mais freqüência do que se imagina. De fato, a confusão na percepção de uma das partes acontece com muitos assuntos, alguns bastante complexos e, em quase todos os casos, motivo mais do que suficiente para propiciar decisões ruins que contribuem mais para aumentar a escalada do conflito do que para sua solução.

3. Nenhuma das partes percebe que existe conflito, e o fato é conflituoso

Nesse item, o devedor entende que não deve pagar e o credor que ainda não é dia de pagamento, mas, na verdade, o prazo já se esgotou, eis por que existe conflito. O que ocorre é que as partes não o vêem dessa maneira ao ficarem ofuscadas pelas percepções erradas. O conflito poderá continuar em estado latente por tempo indeterminado, mas a esperança de que nunca existiu não deve ser aceita. Como acontece com as coisas ruins, parecem ter um dom especial de surgir quando menos se espera. Quando explodir, o conflito (inevitavelmente chegará o dia) pode aumentar de intensidade, sobretudo se olharmos para ele como credor; porque, acima disso, se sentirá agredido em sua boa fé, como se o devedor (que também estava confundido) tivesse abusado de sua confiança. A tarefa das partes ou de seus assessores será a de tratar, antes de mais nada, de conscientizar-se (ou conscientizar seus clientes) a respeito da existência do conflito para que ele possa ser atacado tal qual é e não dilatar sua administração, pois na maioria dos casos acaba sendo a pior saída. O assessor do credor deverá notificá-lo comunicando que já pode exigir seu direito, e o do devedor, que deve pagar, pois tem um conflito inicial, apesar de não ter recebido notificação alguma (que é a maneira pela qual muita gente pensa que surgem os conflitos). É o mesmo caso que certa vez me tocou observar em minha profissão de advogado, quando os acionistas majoritários de uma sociedade anônima abusavam de sua posição superior, prejudicando os minoritários, acreditando que não lhes causariam problemas enquanto não fossem notificados. Entretanto, o conflito se agravava ao mesmo tempo em que começava a deixar os sinais de sua existência na atividade doméstica da sociedade. Quando os minoritários impuseram notificação formal judicial, os prejuízos causados à sociedade por tão grande negligência não poderiam remediar-se de outra maneira senão com a cirurgia de carniceiro: deixando profundas e desnecessárias cicatrizes. A falta de prevenção saiu muito cara. Compreender que às vezes o conflito existe, embora não se manifeste, é de suma importância.

4. As duas partes percebem que existe conflito e o fato não é conflituoso

As partes percebem que existe conflito, mas não existe, pois o fato percebido é neutro. Seguindo o exemplo de deficiências, o devedor acredita que já venceu seu prazo e o credor, que tem direito ao pagamento, mas acontece que não existe essa mora para o devedor porque ele foi prorrogado. É o conflito mais "tolo" de todos, pois ambos "compraram" uma briga sem nada receber em troca, salvo dores de cabeça. As partes ou seus assessores deverão, o quanto antes, neutralizar as ações de agressão ou defesa que, uma vez produzidas, é difícil voltar atrás sem que deixem uma relação desgastada. Embora o exemplo soe como de difícil existência, historiadores de renome atribuíram o início da Primeira Guerra Mundial a um fenômeno que se encaixa no item 4 do gráfico traçado.

5. *Uma das partes percebe que existe conflito, a outra não, e o fato não é conflituoso*

Trata-se de uma situação semelhante à do item 2, mas como aqui não existe o conflito, a tarefa dos assessores será tanto melhor quanto mais ajudarem o confundido a convencer-se de que não existe fato contraditório algum. Esse tipo de circunstâncias é bastante favorável para o pescador de águas revoltas, que sempre tenderá a agravar as coisas. O problema que surgir nesse caso é se terceiros procurarem convencer, a quem não está confundido, de que "realmente" existe um conflito (por exemplo, motivados pela cobrança de honorários, razões políticas ou por questões afetivas ou sentimentais). Então, uma relação que não deveria ter passado por dificuldade alguma se deteriorará diante do surgimento de um conflito. Não é difícil prever a influência negativa que esse tipo de caso pode ter nos conflitos de família, na qual, por meio da alteração de estados de bem-estar, se trata de que outros vejam como contraditórios fatos que não o são, perseguindo interesses menos egoístas. O contrário pode ocorrer quando se desvirtuar a realidade das coisas com a finalidade de procurar alianças com membros, cuja atenção não se tivesse produzido sem o surgimento de um fato não contraditório como conflituoso. Em assunto de família, o exemplo seria o de um irmão que não conta com a simpatia de sua irmã, mas precisa dela por algumas circunstâncias, e com a intenção de que produzirá alguma aliança e a união que gera uma preocupação comum a leva a suspeitar das chegadas tarde do pai, quando, na verdade, este último estava no trabalho, e o filho sabia. Com a mesma "técnica" se pode tentar produzir desgastes a integrantes da família em proveito do manipulador, o que não teria existido se não se tivesse deformado o fato puro e simples. Diariamente e com essa metodologia, procuram-se disputar espaços de poder ou afetos em disputa, desvirtuando a realidade para proveitos pessoais ou mesquinhos. Por se seguir essa mecânica em temas vinculados às relações de família, o resultado não poderia ser mais desanimador, pois se produz o fenômeno seguinte: terminam todas as pessoas envolvidas no que se chama "implosão" do conflito, ou seja, a explosão convergente do grupo familiar de um evento que os deteriorará causado por um membro do grupo. No exemplo visto, imaginemos que a situação termina da seguinte maneira: a irmã procura convencer a mãe de que ela está sendo enganada; a mãe faz uma proposta ao marido, que termina desmascarando o filho, revelando sua astúcia. Com certeza, a corrente de mentiras e mal-entendidos levá-los-á a desconfiar uns dos outros, com garantida deterioração da confiança familiar.

6. Nenhuma das partes percebe que existe conflito e o fato não é conflituoso

É a melhor posição de todas, pois nem existe o fato conflituoso nem as partes percebem de outra maneira. É o "estado de bem-estar".

O CONFLITO FORA DO CAMPO DAS PERCEPÇÕES

Vimos até agora as possibilidades de que determinada percepção deforme um fato de modo que nos pareça um conflito. Mas, na verdade, nem sempre sua origem terá uma causa imaginária baseada na teoria das percepções, mas responderá a ataques objetivos contra nossos interesses. Não existem percepções falsas ou subjetivas, mas o conflito tem a ver exclusivamente com o mundo tangível dos interesses e ambições a partir de sua consideração mais objetiva, na cultura em questão.

Basta exemplificar imaginando se teremos ou não um conflito quando alguém desejar ficar de forma arbitrária e injustificada com nosso negócio, com nossa casa ou mesmo com nossa... esposa.

Sendo os citados no parágrafo anterior conflitos de uma natureza diferente da que vimos anteriormente (semelhante à subjetividade das percepções), a essência da aflição não será representada por "**um parecer**", mas por *um padecer real, concreto e justificado* que deverá tratar-se de outro modo. É claro que, quando as ameaças provêm do mundo das idéias, localizações ou pertenças, não existe uma percepção particular que deforme um fato neutro em si, mas que é conflituoso por sua própria "estrutura genética".

O que se deve enfatizar nesse aspecto é que os primeiros podem prevenir-se, ajustando a linguagem e a comunicação, pois na verdade o conflito em si não existe (existe a percepção distorcida de um fato real), enquanto estes últimos (em que a percepção não desvirtua, mas acede ao fato tal como é, sem as contaminações de que falamos) deverão administrar-se — como dissemos — de maneira muito diferente, pois aqui o interesse é prejudicado com bases diferentes e os remédios não se baseiam em afirmar simplesmente "não se desgaste, não é realmente o que parece ser...".

Nesses novos conflitos, devemos deixar de lado tudo o que tente alinhar as percepções, pois elas já estão orientadas corretamente (vêem o conflito sem contaminações ou com aquelas que são básicas no sistema no qual nos desenvolvemos como a ética, os costumes, a lei etc.).

Se tentarmos corrigir as percepções erradas (e não conseguimos) ou se surgir um conflito puro e simples (aquele que não está desvirtuado por falsas percepções) para sua solução, chegou o momento de trabalhar diretamente sobre a relação prejudicada ou que lhe deu origem.

Para isso, será muito útil examinar certos elementos sobre os quais poderemos atuar e que têm a ver com o modo no qual o conflito pode comportar-se, dependendo de suas peculiaridades ou do *valor* que ele tem para os atores circunstanciais.

DIFERENTES PECULIARIDADES DO CONFLITO E SEU VALOR PARA AS PARTES

Estamos no núcleo de nossa análise: uma vez que o conflito existe, seja como resultado de percepções ou naturalmente, terá valores diferentes para cada uma das partes, dependendo de sua urgência, resultados buscados, oportunidades e custo-benefício.

a) Urgência

A urgência do ponto de vista do conflito será o resultado da combinação da escassez de tempo com a importância do objetivo. Em existindo essa variável, se decidirmos trabalhar sobre o ritmo, ocorrerá o seguinte:

1) Se procuramos tirar-lhe velocidade, a ação será interpretada como uma ameaça por quem tem a urgência, pois o terá como dilação, e toda dilação em sua mente será sinônimo de perda do objetivo.
2) Se, pelo contrário, lhe imprimirmos velocidade ("maior ritmo ao ritmo"), estaremos fazendo jogo ao oponente (ou seja, aquele que tem urgência), prejudicando-nos em nossos interesses. De maneira que para o processo de diminuição ou de dissolução do conflito (que logo veremos) é bom deixar que a velocidade do ritmo seja imposta pelo interessado, com a devida precaução, para evitar que suas ações tenham um eco desfavorável em nossa estratégia. Por conseguinte, ao administrar o conflito nessas circunstâncias, se desejarmos prolongá-lo, teremos de trabalhar, procurando oferecer ou obter mais tempo ou transformar a importância de meu objetivo ou o do outro, tornando-o mais significativo.

b) Resultado

Ao falarmos de resultado, geralmente nos referimos a um objetivo que não depende (ou não depende muito) da variável tempo; eis por que a priori nos encontramos diante da possibilidade de ter conflito por pouco tempo se a demanda em questão não for satisfeita, pois o interessado (ao ver que seu objetivo se liga ao tempo) perseverará sem parar. Esse tipo de conflito caracteriza-se por sua rara intensidade ou por períodos de inatividade com picos de ebulição. Para dilatá-lo, não bastará trabalhar sobre o tempo, pois aqui o que importa é primordialmente o objetivo. Em sua administração terá de trabalhar sobre um mecanismo de cessões recíprocas ou de criação de outros objetivos que nos sirvam de alternativas.

c) Oportunidade

A oportunidade emergirá da combinação de tempo e necessidade, ou seja: preciso desse objetivo mas apenas num momento determinado e específico, antes ou depois do qual o interesse tende a desaparecer. O conflito nessas variáveis é dominado pela pressão. Para diminuí-la, podemos criar alternativas por fora do conflito, com a finalidade de obter a clareza mental necessária para trabalhar sem sobrecarga. (Veremos mais sobre isso nos próximos capítulos.)

Podemos também classificar o conflito pela importância ou qualidade que pode chegar a ter o objetivo das partes. Assim, teremos:

d) Conflito objetivo

É aquele em que a consecução do objetivo das partes for igual a sua extinção. É o caso de um pai que luta pela guarda do filho (ou por um novo programa de visitas) e que, uma vez conseguida ou combinada, deixa o conflito por uma nova relação de normalidade. Ou seja: existe uma correspondência estrita entre o objetivo da parte e sua demanda. Os assessores desse tipo de partes devem concentrar-se na resolução do conflito com pautas claras e lógicas, pois por equivocar-se ou tentar levá-lo para o lado subjetivo ou pessoal (por exemplo, trazendo para confrontação a história dos cônjuges) correm o risco de transformar o conflito em pessoal (é o que veremos a seguir).

e) Conflito subjetivo ou pessoal

É aquele em que o objetivo das partes não implica a eliminação do conflito, pois ele esconde um propósito que vai além desse limite. É o que chamo de conflito visceral, uma vez que a revelação do conflito através de uma demanda é na realidade a ponta do iceberg difícil de desentranhar, pois esses casos geralmente relacionam-se com causas muito distantes da lógica ou da razão e mais vinculadas a questões emocionais. Por isso, nessas circunstâncias, nos vamos encontrar com atuações exageradas, funções sobrecarregadas, manifestações de ira etc. É o caso do pai que reclama um regime justo de visitas, mas que deve concentrar-se numa cruel e longa briga com sua ex-mulher, levado em conta o ódio que ela tem para com ele. Ela acredita que toda demora que possa produzir nesse assunto seja um prejuízo que infringe seu ex-marido, pelo qual se perde o eixo do conflito, que era ampliar ou não o regime de visitas em função dos melhores ambientes para o interesse do menor. A perda de foco acontece porque uma das partes começa a pensar qual de todas as opções será pior para um interesse ou um bem localizado fora do conflito (nesse caso, a pessoa do ex-marido), deixando de lado, infelizmente, a exclusividade do tratamento do núcleo do conflito (nesse caso a pessoa do menor). Ainda assim, com um exemplo similar, o pai também pode chegar a reagir de forma visceral quando, por exemplo, a mulher lhe requeira incrementar a cota de alimentos e deva enfrentar um processo com parecidas "chicanas" mencionadas anteriormente, acreditando com isso complicar a vida de sua ex-mulher (quando na realidade o núcleo da questão é a obtenção de uma melhor solução para a realidade do menor, independentemente da guerra entre os pais).

DIFERENTES NÍVEIS DO CONFLITO

A esta altura, nos encontramos com um conflito feito e não distorcido, uma vez que não o pudemos solucionar, remediando nossas percepções e tivemos falta de sorte ao tratar de administrá-lo, tendo em vista o acontecido no passado. Isso quer dizer que muito provavelmente entremos numa sorte de processo do conflito, em que certos níveis poderão ser apreciados. O fato de conhecer os traços que caracterizam cada um deles nos possibilitará:

a) saber com muito boa dose de sucesso a que altura do processo nos encontramos e
b) procurar antecipar como se desenvolverão nossas próprias reações e as das outras pessoas frente às manifestações de ação ou comportamentos.

Os níveis seguintes serão submetidos à modificação das diferentes intensidades em que as partes exteriorizam sua conduta conflituosa na relação à qual não se tenha escondido o conflito. Tendo em vista que o processo em estudo é dinâmico e espontâneo (dificilmente um conflito que não tiver chegado ao tratamento institucional se desenvolverá com base em regras pré-estabelecidas e rígidas) dever-se-á ter cuidado para não atribuir aos diferentes movimentos dos protagonistas situação social equivocada, o que levaria a confundir o nível em que atuamos. Por exemplo, muitas vezes poderemos encontrar-nos no nível 3 (reversão do conflito), mas uma das partes, com surpresa e intempestivamente, responde com uma atitude própria do nível 1 (escalada). Então, deveremos ser bastante cuidadosos para não pensar que voltamos a esse último nível, com o risco de deformar o processo complexo de distensão do conflito.

Por isso (e quando as circunstâncias o permitirem) é bom definir um nível, levando em conta que um sucesso, atitude ou exteriorização isolada da outra parte, de maneira alguma pode definir o nível em que estamos. Ou seja, um movimento apenas de uma das partes não definirá o nível, salvo responda a uma reação razoável em consonância com um encadeamento lógico de fatos.

Vejamos os níveis e certas particularidades de orientação.

Gráfico 3: Diferentes níveis de conflito

Nível um: Escalada do conflito

- As ameaças são comuns
- As partes visualizam toda atividade da outra como uma agressão
- Procuram transformar cada ação sua num perigo para a outra parte
- Focaliza-se mais o problema do que a solução
- As posturas emocionais são comuns
- O conflito tem muito de pessoal (exagero de funções atitudes, prejuízos etc.)[3]
- As posições tendem a se tornar inflexíveis
- Externam-se mais as posições do que os verdadeiros interesses
- Falta de confiança recíproca (presume-se a má fé da outra parte)

- **Variáveis do nível um** ⇒ Condutas hostis; Falta de propostas; Imprevisibilidade (instabilidade)

⇕

[3] Conflito pessoal: é o dominado pelas emoções, afetos/ódio; mais do que em benefício próprio se pensa no prejuízo que se pode produzir aos outros. É o conflito visceral, em que as alianças são "contra alguém" e não "para alguma coisa".

É assim que,

interpondo-se a conduta das partes, é visível que tendam à consolidação e intensidade do conflito.

Cada vez que este nível se esgotar, passamos ao...

Nível dois: Conflito puro

- As ameaças se cumpriram (ou se cumpriram na sua maioria)
- Surgem os primeiros indícios dos verdadeiros interesses das partes
- O conflito é mais controvertido[4]
- Surgem as primeiras propostas para tentar soluções (geralmente a negociação surge nesse nível)
- As partes tendem a demonstrar atitudes menos emocionais (e geralmente menos agressivas)
- Surge a necessidade de confiança e de fechar alguns acordos, embora precários.

- **Variáveis do nível dois**
  - Inflexibilidade nas demandas ou propostas
  - Atitudes de competição entre as partes
  - Estabilidade do conflito (não aumenta nem diminui)

É assim que,

ao mesmo tempo que o conflito se estabiliza, a conduta das partes tende a ser mais propensa à solução.

Quando este nível se esgota, passamos para o estado final...

[4] Conflito controvertido: opõe-se ao "não-controvertido", pois tem um conteúdo mais racional, com custos e benefícios calculados em termos lógicos e utilitários.

Nível três: Dissolução ou reversão

- Dialoga-se basicamente sobre soluções e não sobre problemas
- Aumenta a confiança recíproca
- As partes geram posições mais flexíveis
- Deixam de existir a agressividade e as ameaças
- Convida-se a firmar acordos

- **Variáveis do nível três** ⇒
  - Condutas de colaboração entre as partes
  - Descompressão
  - Confiança

⇕

É assim que,

A conduta das partes tende a abandonar o problema, consolidando fatos que *geram* acordos.

OS TERCEIROS E O CONFLITO

Até agora, trabalhei o conflito como uma bipolaridade, ou seja, sem a influência de terceiros.

Foi bastante discutida, com relação à doutrina, a existência dos terceiros no processo de conflito, pois sobre eles se pensa que, se na verdade fossem totalmente neutros e inócuos ao mesmo tempo, não seriam parte importante a considerar. E se, de alguma maneira, influem no desenvolvimento do conflito a ponto de serem levados em conta, já estariam incluídos nele, identificando-se com uma das partes em litígio e, por isso mesmo, deixaram de ser terceiros.

Penso que essas discussões são antes semânticas ou filosóficas; e se quisermos dar a nossa análise uma visão prática, deveremos admitir que, na vida real de nossas negociações, existem de fato os terceiros.

Acredito que, se denominarmos "terceiro" aquele que, com prejuízo do conflito, não é parte principal mas tem em forma potencial ou capacidade real de influenciar ou ser influenciado por ele, nos descobriremos com facilidades práticas tanto para compreender o processo como para resolver o conflito mais eficientemente.

Por meio dessas possibilidades, mostrarei algumas distinções levadas a efeito por autores como o sociólogo George Simmel. O famoso mestre dizia que havia três tipos de terceiros:

a) Os que não estão implicados no conflito, mas de quem se exige uma solução (como os negociadores, juízes ou mediadores).
b) Os que não estão implicados no conflito, mas que conseguem dele benefício para si mesmos ("o terceiro oportunista", por exemplo, no conflito entre duas empresas competidoras que, pelo desgaste do confronto, acabam perdendo mercado em benefício de terceiros), e
c) Os que não fazem parte principal do conflito, mas que, a partir de sua posição acessória, ajudam a enfraquecer os protagonistas principais em proveito próprio ("divide e reinarás").

Nessa diferenciação, a chave para atribuir ao terceiro essa função é verificar se sua extinção termina também com a existência do conflito. Claro que nisso também se diferenciam as partes principais do terceiro: não obstante, o isolamento das partes acabará com o conflito, o desaparecimento do terceiro não gerará sua ausência (embora possa ser atingido em sua estrutura).

Outros terceiros

O protetor

É o terceiro que não participa do conflito como principal ator, mas por participar diretamente (pois antes se encontrava em estado de espera) o fará decididamente em aliança com um dos protagonistas, como, por exemplo, papel dos Estados Unidos da América durante o conflito da Argentina com a Inglaterra pelas Ilhas Malvinas. Ou o papel que tivesse desempenhado a Grã-Bretanha no caso de um possível conflito armado entre a Argentina e o Chile pelo Beagle. Bem como o papel desempenhado pela ex-União das Repúblicas Socialistas Soviéticas no conflito dos mísseis dos Estados Unidos contra Cuba.

O mediador

Como no item anterior, o terceiro não é parte principal, mas se participar do conflito, ele o fará a fim de dissuadir (por sua autoridade moral, religiosa, política ou militar) alguma das partes (ou as duas) com respeito à continuidade ou não do conflito. Ou seja, que seu concurso será exclusivamente para dissuadir um dos atores do conflito, como, por exemplo, a intenção do Papa ao querer convencer as autoridades argentinas durante a invasão das Ilhas Malvinas. Ou a mesma função — agora com sucesso — do Papa ao evitar o conflito armado entre a Argentina e o Chile pelo Canal de Beagle em 1978.

O conselheiro

Se participar, este terceiro o fará para pressionar uma das partes (ou as duas) a que tomem determinado tipo de decisão ou rumo, como o caso do Fundo Monetário Internacional (FMI) quando o Estado está em negociação com as centrais de trabalhadores.

O interventor (ou terceiro envolvido)

É aquele que não interfere para desistir nem para convencer, mas só... para perturbar. Trata-se de um terceiro muito perigoso, pois não contribuirá em nada, exceto com o agravamento do conflito, porque interferirá em toda a dinâmica da solução e/ou bloqueará iniciativas das duas partes. Sua intenção será a de envolver-se sem outros motivos senão seu desejo de ser parte principal, ou sua vontade de manipular vontades, num processo em que não tem nada a fazer e, portanto, nada a perder. O exemplo que me ocorre com mais naturalidade acontece nos conflitos matrimoniais, em que sempre existe um sogro(a)/intrometido(a) que se mete no processo do conflito de seus filhos e de suas noras e/ou genros, manifestando as indulgências de sua mediação baseada em sua experiência ou em suas boas intenções, mas com a intenção velada de manipular. Em geral, a atuação de um interveniente como o que estamos descrevendo (não me refiro àquele que interfere, seja da família ou não, com uma sadia atuação de ajuda), não será neutra ao conflito, mas o agravará.

Uma vez que a totalidade das partes e dos terceiros circularão ao derredor do conflito enquanto existir, é bom determinar sua existência, o mais rapidamente possível, pois isso nos permitirá prever com bastante segurança que rumo pode tomar o conflito no caso de algum deles se envolver. Essa antecipação se transformará numa boa defesa diante da participação de um agente que possa complicar-nos; ou, antes, recriar um bom motivo para tirar proveito daquele cuja participação pode beneficiar-nos.

Nesse sentido, uma tarefa que pode produzir bons resultados é realizar um gráfico no qual colocaremos o conflito no centro e, em órbita, como se fossem seus satélites, as partes e todos os terceiros que possam chegar a envolver-se mais cedo ou mais tarde (ver o gráfico número 4). Essa lista não deve ser restritiva, mas totalmente aberta: o mais amplamente possível.

Uma vez feito o gráfico, deve-se caracterizar cada um dos casos "satélites" em relação com o conflito ou com respeito a alguma circunstância particular sua, atribuindo-lhes qualquer destes dois tipos de conduta:

a) Conduta 1

As que forem conseqüências diretas de um trabalho lógico e razoável do terceiro ou da parte de que se trata. Para isso se devem levar em conta as circunstâncias particulares do caso, as peculiaridades do indivíduo em análise, antecedentes que poderiam existir e a moral e costumes médios do contexto que rodeia o conflito (se estivermos tratando um conflito nas empresas comerciais, pessoais etc. Se o conflito for político, antecedentes dos partidos envolvidos, antecedentes históricos, estatísticos, pesquisa de opinião pública etc.). Ou seja, estamos falando aqui das reações normais que um ser humano comum poderia ter diante do acontecimento analisado. Exemplo: um avião inglês foi seqüestrado por terroristas iraquianos. As partes estão negociando quando, sem que o esperem, um terceiro interfere: os Estados Unidos da América, fundamentando sua intervenção em que dois dos passageiros/reféns são norte-americanos. Se os ingleses tivessem realizado o gráfico que agora estamos estudando, teriam colocado nesta coluna as condutas lógicas de um país como os Estados Unidos em circunstâncias como as que acontecem. A título de exemplo, reações naturais (e razoáveis) teriam sido:

- Negociar por meio do representante inglês.
- Enviar assessores para colaborar com os negociadores principais.
- Produzir um forte sinal político que pressione o governo iraquiano a convencer os terroristas (por exemplo, ameaçando com embargos econômicos).

b) Conduta 2

Por outro lado, e continuando o gráfico, ao lado da conduta razoável e previsível, colocaremos a conduta menos lógica, que tivermos considerado irracional, impraticável, imprudente etc. (e que temos tendência a descartar por se tratar de ações destituídas de verossimilhança ou sentido). Continuando o exemplo dos reféns, colocaríamos como hipóteses possíveis de condutas desse tipo por parte dos Estados Unidos.

- O repentino e inesperado surgimento de comandos que resolvem libertar os passageiros a sangue e fogo.
- O bombardeio de alvos iraquianos como represália pela tomada de reféns, mais a ameaça de continuá-la até a solução definitiva.
- Que um representante do governo dos Estados Unidos manifeste pelos meios legais que nada lhes interesse sobre a sorte dos seus concidadãos seqüestrados, o que autoriza os terroristas a fazer o que lhes agrade.

A seguir, veremos o exemplo do gráfico mencionado. Ele servirá de orientação, podendo adaptar-se a qualquer conflito. Assim como poderá ser utilizado para acompanhá-lo durante todo o seu processo (o conflito considerado globalmente) ou dentro deste, aplicado a circunstância determinada e específica, pela qual nos encontremos passando (um conflito dentro do conflito ou subconflito). Explico, além disso, que, por razões de espaço, só aparecem alguns dos terceiros que mencionei (embora se possam colocar ali aqueles que realmente aparecem em sua negociação).

Gráfico 4 (parte um):
As partes, os terceiros e a prevenção do conflito

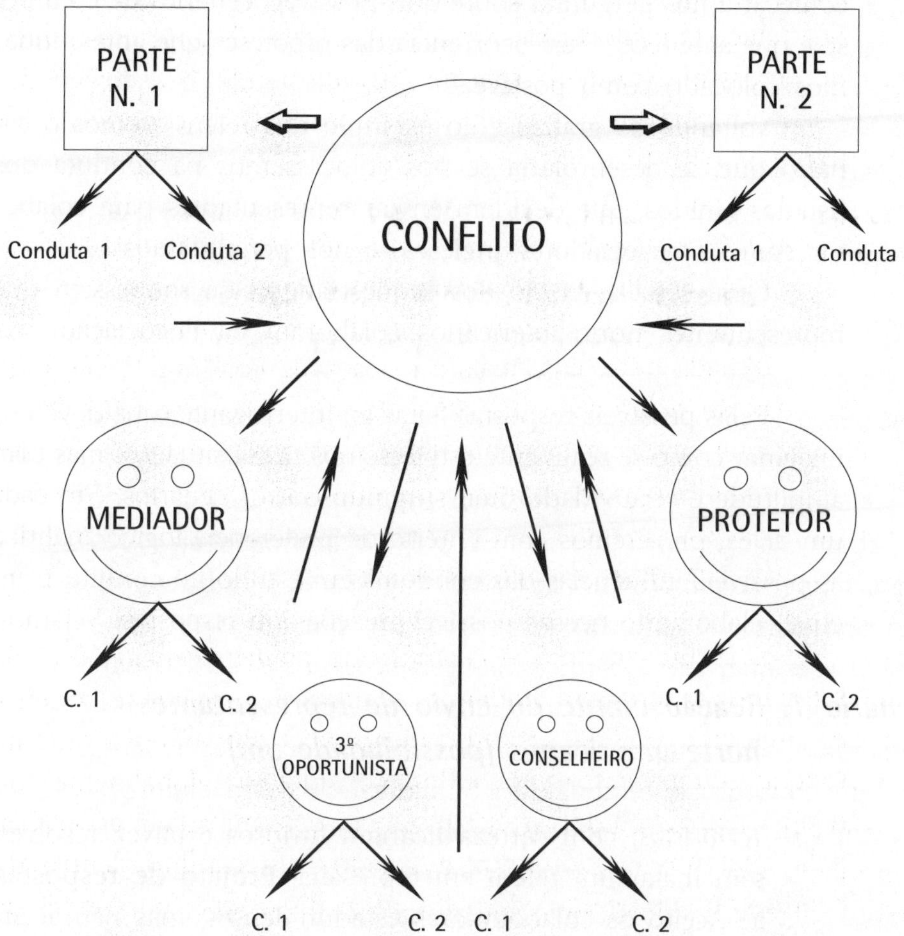

Uma coisa a levar em conta: em cada tipo de conduta (C. 1 ou C. 2) devemos observar todas as possibilidades que possamos imaginar. Como podemos ver no gráfico, das colunas de conduta parte uma flecha até o conflito-mãe que lhes deu origem. Isso porque é a vez de analisar cuidadosamente como cada uma das condutas influenciará no conflito e em meus interesses (repito, fazemos isso mediante a volta ao núcleo central do gráfico).

Que quer dizer isso? Que, seguindo o exemplo escolhido, deveremos colocar-nos na posição dos negociadores ingleses e a partir desse ponto de vista e levando em conta o conflito principal, começar a nos perguntar sobre dois possíveis cenários de conflito, se é que acontece a real ocorrência das hipóteses que antes tínhamos colocado como possíveis.

Voltando ao gráfico e ao exemplo dos reféns, vemos o cenário que se desenrolaria se nos colocássemos na conduta dos Estados Unidos, que decidem enviar representantes para colaborar com os negociadores ingleses, e nos perguntamos:

Qual seria a reação dos seqüestradores se soubessem que representantes norte-americanos colaboram na negociação?

Pelas possíveis respostas feitas ao interrogante (que devemos imaginar como se realmente estivéssemos nessa situação, mas com amplitude e criatividade) irão surgindo outros cenários. Em cada um deles, preveremos com critério de preferência lógico/analítico as possíveis influências das condutas em estudo no conflito principal, elaborando nossas possíveis reações ou respostas. Vejamos:

Cenário 1: Reação diante do envio de representantes norte-americanos (possibilidade um)

- *Terroristas*: com certeza ficariam furiosos e talvez resolvessem matar um refém em represália. **Projeto de respostas**: a) Aceito os colaboradores estadunidenses, mas não aceito que os terroristas tomem conhecimento. b) Se não puder evitar, planifico qual será minha reação se os terroristas ficarem furiosos e matarem um refém; por exemplo, bombardeio a um bairro da capital iraquiana como represália.

Cenário 2: Reação diante do envio de Assessores norte-americanos (possibilidade dois)

- *Terroristas*: Aceitam como favoráveis, porque acreditam que envolvendo negociadores norte-americanos conseguirão expandir o conflito, chamando ainda mais a atenção mundial. **Projeto de respostas**: a) Garanto aos terroristas que a intervenção dos colaboradores estadunidenses terá ampla difusão, mas peço a entrega de um refém em troca. Ou então, b) resolvo aumentar a tensão do conflito, comunicando-lhes a oferta de assessores estadunidenses, **mas avisando-lhes que ela será rejeitada**.

A elaboração de cenários continuará sempre que considerarmos necessária (em geral o momento de finalizar coincidirá com um cenário já tão elaborado, imaginário e de laboratório, que seria mais próprio de Kafka que de analista da realidade ou de um negociador). Assim, continuaremos com a avaliação de todas as condutas das partes e sua influência no conflito. Levemos em conta que a maior quantidade de cenários nos possibilitará prever o que realmente acontecerá futuramente, e com a vantagem a mais de que ao ter realizado um exercício de antecipação de resultados, teremos certas vantagens com respeito aos outros, pois se o terceiro finalmente aparecer e realizar alguma das condutas que já previmos, teremos com antecedência o curso de ação que as coisas podem chegar a tomar, o que também nos permitirá ter as nossas táticas definidas com antecedência.

A última prática descrita é também muito boa para fixar num gráfico, com a mesma metodologia do primeiro. Poderemos ter perspectiva melhor. No novo gráfico rascunharemos o conflito já influenciado pela conduta das partes ou terceiros, e ao lado, todas as ações que tomarmos. Assim teremos no papel todos os cenários imaginados com uma radiografia das prováveis derivações do conflito, antecipando nossas reações, táticas ou estratégias futuras.

Gráfico 4 (parte dois): Cenário do conflito simulado (é parte anexa do anterior)

As condutas das partes modificam o conflito

Em virtude do cenário simulado, planejo minhas ações com antecedência, prevendo vantagens, custos e conseqüências

A esta altura, já revisamos suficientes dados (quanto ao que se refere ao campo da negociação básica) sobre a natureza do conflito, suas peculiaridades, seu surgimento através das percepções, seus possíveis níveis, participantes, protagonistas e terceiros. Vimos também como elaborar técnicas de prevenção ou administração do conflito com certa antecedência e com boas possibilidades de sucesso.

Tudo isso contribuiu, com certeza, para que nos vamos formando como negociadores, pois sem querê-lo, já esboçamos técnicas e instrumentos para a contenção do conflito.

A missão, agora, é penetrar no mundo da negociação para, seja qual for o lugar onde atuarmos, procurar transformar-nos em "pacificadores sociais".

3

A NEGOCIAÇÃO, CARACTERÍSTICA IMPRESCINDÍVEL DO SER HUMANO

No capítulo anterior, vimos como o conflito sempre acompanhou sistematicamente o homem durante toda a sua existência. Mas agora, que vamos começar a introdução mais especificamente no tema da negociação, veremos as razões pelas quais propalamos seu uso para resolver nossas questões.

Temos essa possibilidade e devemos aproveitá-la. Diante de seus conflitos, o ser humano (como dizíamos no capítulo primeiro) se distingue dos outros seres vivos, entre outras coisas, por ser dotado da capacidade de resolvê-los de diversas maneiras. Talvez a maneira mais drástica ou primitiva seja a guerra ou o emprego da força bruta (pelos quais o homem demonstra um nível máximo de instinto e irracionalidade semelhante ao dos seres não inteligentes) e, talvez, a maneira mais civilizada e racional seja por meio da negociação (pela qual o homem reflete os atributos de sua natureza racional e criativa).

Entretanto, o sistema de resolução de conflitos mais conhecido de todos nós, cidadãos de uma comunidade civilizada, é o estatal, através de um conjunto institucionalizado de normas em virtude das quais se impõe (de imediato ao processo de rigor) uma solução às controvérsias. Tanto as normas como os procedimentos terão, em sua maioria, um caráter imperativo, acima da vontade das partes. Isso significa que as condutas, os fatos e as circunstâncias deverão adaptar-se à realidade institucional como também a solução à qual se chegue, que em muitos casos deixará descontentes, de maneira igual, todos os protagonistas do conflito. Atendendo a esses motivos e, basicamente, à possibilidade que privilegia a negociação (da qual o indivíduo possa tratar seus próprios temas com responsabilidade e liberdade) é que a coloquei de propósito numa posição superior.

É que a capacidade de negociar nos outorga uma característica distintiva e, definitivamente, agrega-se à série de características que nos definem como seres de um grau de evolução superior. De fato, não compartilhamos a possibilidade de exercer, conhecer e desenvolver a negociação com ninguém mais, absolutamente, neste mundo. O que acima se expôs confere-nos a certeza de que a negociação é uma construção da razão para a convivência civilizada, coisa impossível por outra espécie.

Assim, veremos que a negociação é um instrumento muito poderoso (sem que demos ao termo um rumo irremediavelmente positivo, como se verá), pois ao ter características profundamente humanas, conterá tudo o que nos define como tais.

De fato, no processo de negociação, poderão aparecer isolados ou agrupados, para o bem ou para o mal, a intuição, a improvisação, o conhecimento empírico, a ética, a lógica e, naturalmente, também a inteligência. O fazer e o pensar virtuosos que definem com brilhantismo a espécie humana darão, com certeza, uma projeção relevante (do ponto de vista dos resultados e das satisfações) a esse processo, como bem se demonstrou cada vez que este fazer e este pensar foram postos em prática de forma eficiente, mesmo nas mais difíceis circunstâncias.

Tendo em conta, como já se disse, que é um instrumento específico da natureza humana, com tudo o que isso traz consigo, não haverá de avançar muito nesta análise preliminar para estabelecer que, infelizmente, a negociação será contaminada (e muitas vezes degradada) por causa dos grandes vícios; pois não são poucas as ocasiões nas quais ela é governada pela maldade, a imoralidade, a crueldade, a manipulação, o desatino e a vocação para dominar o próximo.

Uma vez que o assunto que nos ocupa é um processo para dirimir conflitos provenientes da razão e posto em prática em geral em situações de crise; sendo, além disso, complexo em sua estrutura (pela grande quantidade de virtudes ou vícios aos quais pode fazer concessões) e poderoso em seus efeitos (possibilidade de neutralizar uma contradição ou aguçá-la), é visível a necessidade de segui-lo com conhecimento e responsabilidade.

Não é loucura pensar que, vista assim, a negociação fará surgir o melhor e o pior do que somos. Se nos dermos ao trabalho de visualizar todos os elementos que permitem que a negociação aconteça, perceberemos que, na maioria dos casos, será precedida de circunstâncias ou situações de mal-estar, pois os antecedentes serão a contradição, o desgosto, o incômodo ou o mal-entendido, uma vez que o que se expressa é meramente enunciativo. Continuando seus passos, o desenvolvimento do processo de negociação acontecerá em circunstâncias de crise, geralmente angustiantes, com limitações de tempo, de recursos e de boa vontade.

Quando o processo de negociação tiver terminado para dar passagem ao acordo ou à situação derivada de sua inexistência, deveremos prestar atenção especial aos afetos, pois eles serão contundentes na esfera dos interesses básicos do ser humano (afeto, emoções) e, naturalmente, sobre os referentes ao mundo do dinheiro e do poder (já falamos a partir de uma posição pessoal ou corporativa, ou de ambas ao mesmo tempo).

O fato de que o instrumento da negociação tenha características excepcionais para dar fim às disputas não implica necessariamente que seus caminhos sejam fáceis de trilhar. Se examinarmos seus antecedentes, seus protagonistas, o problema que os causa e os possíveis efeitos, perceberemos que deveremos mover-nos com pés de chumbo.

Por quê? Num cenário como o descrito, não é arriscado prever que, no campo da negociação e do conflito, nos veremos mergulhados num estado de coisas de natureza complexa e interdependente, manipulado por pessoas que se movem, baixando-se em interesses diferentes e, muitas vezes, com pontos de vista opostos.

Os autores do conflito e os terceiros, protagonistas no mesmo cenário da negociação, serão levados pelas circunstâncias dos eventos e pela tendência humana de tentar atuar com a máxima quantidade de elementos a seu alcance, ao tratar de solucionar os problemas. Devemos assumir o fato de que todos, com certeza, tentarão fazer uso do melhor de seu intelecto para conseguir seus objetivos, criando um coquetel de manipulações recíprocas dispostas diretamente a conseguir conquistas que raras vezes se achariam em consonância, o que obviamente os colocará (do ponto de vista de seus interesses) em dificuldade.

Em outras oportunidades (e para não ser ingênuos), as possibilidades dos atores deverão ser vistas também com protagonistas interessados e inteligentes, manipulando as coisas em seu benefício mas adicionando, em determinados casos, falta de ética e má fé. Então os objetivos estarão correndo grave perigo.

A confrontação necessária à qual nos submeterá um cenário igual ou semelhante ao descrito, cujo antecedente é a contradição, e cuja composição é um conjunto complexo de vários interesses (estes, por sua vez, manipulados com inteligência e, eventualmente, má fé), somada às devastadoras conseqüências para nossos objetivos, que podem acontecer em casos da própria imperícia, nos porão à prova, não só diante do eventual co-participante, ou diante da organização que representemos, **mas antes com nosso caráter e até com nossa própria natureza humana**. Por isso, a negociação é também campo fértil para a elaboração de uma expressão que poderá definir nossa essência. De que somos capazes? Até onde chegaremos? Seremos virtuosos? Responderemos com mais má fé?

A **responsabilidade** deverá constituir-se na necessária contrapartida para o exercício equilibrado do manejo de tanto poder proveniente da capacidade da mente humana para conseguir a manipulação de coisas e vontades. O **conhecimento** e a **prudência** serão o termômetro adequado para medir o tempo e oportunidades de nossas virtudes. A **condição inata** de nossa estirpe de negociadores e nossa **formação técnica** tentarão alinhar as coisas para nosso objetivo. Semelhantes ações (e além disso, com certeza, todas as omissões) nos definirão de uma maneira ou outra no campo do debate de idéias e interesses, resultando, de imediato, o atuar ético e eficiente ou, pelo contrário, sua falência.

Teremos sucesso? Seremos capazes? Poderemos ser astutos, conduzir-nos com habilidade? Fixemo-nos em nosso próprio talento, confiemos nele e sigamos adiante com nossa formação, porque o certo é que os negociadores não nascem... *fazem-se*.

4

A NEGOCIAÇÃO E OUTROS MEIOS DE RESOLUÇÃO DE CONFLITOS

Do ponto de vista do indivíduo que a utiliza como instrumento, a negociação é um conjunto de artes e técnicas que nos ajudam a manipular as coisas (bens, lugares, situações) e as pessoas (vontades alheias) tendo em vista a satisfação de um interesse.

A negociação, vista como um processo em que interagem os indivíduos que se encontram negociando, também é um sistema dinâmico de artes e técnicas que seus protagonistas utilizam, visando obter o benefício de seu interesse. Refiro-me a uma combinação dinâmica (e, às vezes, um pouco instável) de técnicas e artes, pois a negociação não é uma ciência exata nem garante resultados líquidos e certos. Suas técnicas não são organizadas numa ordem sistemática e sempre se apóiam na inestimável contribuição da intuição e do talento do homem. Exatamente esta combinação é que permitirá ver tudo quanto a negociação tem de arte.

Poucas vezes a negociação foi definida assim, fundamentalmente, pelo sentido pejorativo que foi dado à palavra *manipular* em nossa ordem sociocultural.

Falando abertamente, **acontece que o que nós fazemos exatamente no processo de negociação é procurar conduzir as**

coisas e convencer as vontades a que satisfaçam nossas necessidades e nossos interesses. Essas coisas e essas vontades terão para nós, no campo da negociação, um valor relativo e, contrariamente, nossos interesses ostentarão um valor hierarquicamente acima dos interesses dos outros. Exceto se negociarmos com seres queridos (com os quais também é próprio negociar), as coisas serão assim na maioria dos casos.

Para isso, tentaremos submeter às coisas e às pessoas as mais variadas técnicas de manipulação: desde as mais primitivas e desprezíveis, como golpes de efeito, sentimentalismo, mentiras, falsa informação; até nossas condutas mais construtivas e louváveis, como apresentar argumentos sólidos para persuadir, manejar idéias brilhantes, lutar para que nossas ações não só nos favoreçam a nós, mas também a terceiros, negociar com opções interessantes, ajudar e prometer reciprocidade etc.

Entretanto, seja qual for a natureza de nossas ações, boas ou más, virtuosas ou eticamente reprováveis, o que procuramos fazer é dispor as ações para nosso objetivo, torcendo com variada técnica o que antes estava em outro sentido. E o fazemos porque queremos transformar um estado de mal-estar, de desconforto, ou porque nos contrataram para isso. E o exposto, do ponto de vista da negociação, é a manipulação.

Vivendo numa comunidade civilizada, fortemente institucionalizada, com enorme quantidade de normas religiosas, éticas, morais, jurídicas, cheia de organizações, associações, corporações, numa economia mobilizada e dinâmica, sobrecarregada de interesses diferentes e opostos, mas com permanente interdependência e inter-relação com vistas a dar forma à confusão político/social, a negociação será uma via absolutamente conducente para permitir adaptar-nos satisfatoriamente à convivência humana. E (para dizer abertamente!) a negociação poucas vezes deixa as coisas como estão: trata-se de um processo dinâmico de mudança. Para isso, deverá afetar o curso das coisas, e o modo pelo qual o conseguiremos dependerá da qualidade humana que tivermos.

Jesus Cristo, o grande negociador, manipulou responsável e eticamente seus discípulos; poucas vezes de forma autoritária, em geral convencendo ou agregando valor a suas vidas. Tanto o conseguiu, que milhões de pessoas seguem sua mensagem no mundo e seus ensinamentos (uma maneira de dispor coisas e vontades para com um interesse, segundo a doutrina católica: ser melhores e ganhar a vida eterna) se espalham dia após dia, ao derredor do globo. Seria Jesus Cristo mau por isso?

Hitler, por sua vez, foi um grande manipulador de coisas e pessoas, mas deixou a tinta negra de sua imoralidade tingindo a vida da história.

Por isso, acreditamos que se pode manipular com responsabilidade, conhecimento e boa fé, somando, agregando valor às coisas e às pessoas, conseguindo um estado de coisas melhor para todos, fortalecendo o proceder virtuoso, gerando correspondência e reciprocidade através das boas ações.

Pelo que se disse, e considerando a definição de negociação proposta no começo, é necessário acrescentar agora que se trata de um instrumento altamente positivo para manipular as coisas, porque:

1. Dispõem-se os meios para a obtenção de informação.
2. Dispõe-se o tempo como meio para beneficiar meus objetivos.
3. Tenta-se fazer com que a realidade apareça diante do outro de maneira que convém a alguém.

POR SUA VEZ, MANIPULAR-SE-Á A VONTADE DOS CO-PARTICIPANTES PORQUE:

1. Procura-se aparentar mais autoridade do que a que se tem.
2. Procura-se diminuir o poder do outro.
3. Tenta-se tornar relativos os interesses do outro.

Mas, como se verá, nada disso é em si mesmo negativo ou positivo. Não devemos cair no erro de analisar a negociação, baseando-nos em conceitos aos quais se predetermina um valor ético ou moral, mas tendo em conta que os conceitos que definirão fatos e atitudes serão éticos conforme o trato que tenham durante o processo e a finalidade para a qual tendam.

Recordemo-nos que, por meio da negociação e de sua boa e eficiente aplicação, geraremos cada vez mais âmbitos onde a autoridade e o poder não deverão impor-se ganhando desconfiança e insatisfação pela submissão ou pela manipulação. Como mecanismo de resolução de conflitos, não se descobriu nada melhor do ponto de vista dos que, servindo-se dele, chegam a um acordo livre e pacífico (do contrário, não teria existido, na verdade, um processo de negociação).

Nessa análise é conveniente destacar a negociação frente a outros métodos ou instrumentos para a resolução de conflitos, e assim explicar porque a considero tão produtiva.

Graças à negociação, não devemos aceitar o poder tirânico da autoridade que arbitrariamente dita o que devemos fazer, fazendo-nos sentir dominados e menosprezados.

Graças à negociação, não deveremos recorrer à votação para resolver nossos conflitos, característica por excelência democrática e civilizada do ser humano, mas de uma entidade hierárquica inferior ao instrumento em análise.

E graças à negociação, **tampouco deveremos aceitar acordo algum** porque não é essa a finalidade do processo[5].

[5] O que se expôs é algo que devo deixar bem claro pois, muitas vezes, se tende a confundir as palavras (negociação e acordo) a ponto de nos sentir grandemente frustrados imediatamente após negociar e não conseguir um acordo, como se esse fosse o fim natural de toda negociação. E realmente não é assim, pois, para mim, negociar também implica a oportunidade de perceber que nesse âmbito não estará a solução que mais nos convém e que para satisfazer nosso interesse devemos buscar noutro lugar. Qualquer outro sistema de resolução de confronto será mais severo: a guerra deixará alguns dos adversários destruídos ou escravizados, no processo judi-

Tampouco, como é óbvio, necessitamos do juiz, que embora sentencie os assuntos consultados após um meticuloso estudo e com respeito às normas (pressupondo sua eficiência e imparcialidade), acabará deixando uma das partes com menos do que esperava. Ou seja, no momento de escutar a sentença, existem muitas possibilidades de que uma das partes (quando nem todas as envolvidas) sinta que sua posição é pior do que a que tinha antes de começar o processo judicial.

Quando submetemos a resolução de uma controvérsia à votação, com certeza estamos praticando um direito intimamente ligado à democracia. Mas com esse extraordinário instrumento da civilização a governar o conflito, acabará dirigindo as coisas sempre para a satisfação das maiorias, que só representam uma das partes. Como método de resolução de conflitos, a democracia não é um recurso tão eficaz, como não o é tampouco a negociação para o governo das sociedades.

Entretanto, a votação é utilizada muitas vezes para resolver problemas. Inclusive no seio da família, muitos lares empregam esse método para resolver seus problemas. Tenho notado que alguns psicólogos aconselham as famílias em dificuldades a que, diante do surgimento de um determinado conflito (por exemplo, onde passar as festas de fim de ano), se recorra à votação para tentar a solução. Acredito que o instrumento eleitoral, praticado dessa maneira e em tão delicadas circunstâncias, não será bom para a satisfação dos integrantes dessa família, pois sempre haverá alguém que fica descontente. E nem se fale quando o processo

cial a sentença virá inevitavelmente sem que possamos fazer nada ou não aceitá-la se não nos agradar, como as votações, sem prejuízo pelo que elas deixam, além das minorias insatisfeitas. E assim poderíamos continuar com outros exemplos. Mas, sobretudo na negociação, **ninguém nos obrigará a chegar a um acordo que não nos convenha** e sempre teremos a liberdade de tentar outros caminhos, a partir da alternativa que tivermos podido construir por força do processo, como qualquer de todas as outras variantes de solução de controvérsia (a mediação, o julgamento, o processo judicial ou a votação).

se torna prática usual e constante, fomentando alianças interfamiliares que, na maioria dos casos, termina com maiores dores de cabeça do que satisfação. Minha proposta é negociar, com certeza, com conhecimento e boa fé. Por exemplo, acordando passar o Natal na casa de um familiar e o ano novo na casa de outro. Ou por outra, combinar uma reunião familiar em lugar diferente de todos (um restaurante).

Então, diante das opções, vêm à luz as concessões: na negociação ninguém impõe seus critérios ao outro, nem a um tirano, nem a uma maioria, nem mesmo a um juiz; os próprios participantes deverão convencer-se reciprocamente se desejarem que seus argumentos se transformem em soluções.

Definitivamente, por não existir livre e voluntário consenso, podemos não estar de acordo e não aceitar o que parece injusto ou inadequado, fator inexistente diante da ordem do tirano, a votação da maioria ou a sentença do juiz.

DIFERENÇAS ENTRE A NEGOCIAÇÃO, A MEDIAÇÃO E O JULGAMENTO. VANTAGENS DA SUA UTILIZAÇÃO COMBINADA

Uma vez que anunciei métodos para a solução de controvérsias (guerra, ordens, votação, sentenças etc.), considero justo enfatizar agora as diferenças entre negociação e outros mecanismos também novos para a resolução de conflitos, como a mediação e o julgamento. Referir-me-ei apenas às diferenças para que o leitor possa avaliar as diferenças de cada método como processo particular, com suas peculiaridades, sem querer esgotar o assunto.

Na negociação, o negociador sempre representará um interesse diferente do interesse de seu co-participante (pois do contrário, para que negociar?), enquanto o mediador não representa interesse algum, salvo o de levar as partes a uma solução do conflito. Por isso, o negociador dominará sobretudo técnicas especiais para convencer a outra parte, enquanto o mediador basicamente dominará técnicas de facilidade para a eficiência do processo e dos consensos.

O negociador em todos os casos sempre faz parte, seja porque negocia seus próprios interesses ou em substituição a outra pessoa ou empresa. O mediador, pelo contrário, sempre é um terceiro alheio ao conflito, que nunca poderá participar em defesa de algum dos interesses envolvidos nele. Sua tarefa principal é levar as partes a um acordo e facilitar o processo de entendimento e discussão entre os envolvidos.

A partir de agora, porque são notórias as diferenças entre o negociador e o mediador, figura muito parecida com a do juiz, mas a que as partes escolhem de comum acordo e cuja decisão não terá o poder público próprio das sentenças, sem que medeie participação prévia judicial. O juiz, diferentemente do mediador, só como tarefa acessória poderá facilitar o alcance do consenso entre os negociadores, uma vez que sua tarefa principal é emitir um veredicto que, em princípio e com as limitações já mencionadas, será obrigatório para as partes arroladas no processo.

Acontece, então, que a pessoa levada por necessidade de justiça procure um advogado para que cuide de seu caso em Tribunais, o qual, entretanto, a advertirá de que, por força da lei, antes da instância judicial, o caso deverá "passar por mediação". De acordo com isso, será o próprio advogado litigante (a quem cabe cumprir um enfadonho trâmite para conseguir seu objetivo) que atuará no processo da mediação e, logicamente, sua atuação será marcada pelo desinteresse que também acompanhará o negociador, se é que pelo poder de alguma circunstância obrigatória devessem tramitar litígios nos tribunais. A lamentável conseqüência é que muito provavelmente se aproveitará de um contexto para a solução do conflito.

Levando-se em conta o acima exposto, meu conselho é que toda pessoa envolvida num conflito, que resolve substanciar em Tribunais, previamente tome conhecimento se seu assunto deva ser submetido à mediação. Isso para evitar o fracasso do processo e, portanto, de uma oportunidade, pois se à mediação acorrem advogados cuja formação é basicamente de litigantes, a intenção dos letrados será a de livrar-se rapidamente dessa escala, para chegar finalmente a seu habitat: os tribunais e seus trâmites tão complexos e duradouros.

Então, por encontrar seu assunto incluído no processo de mediação, **procure vincular-se a um advogado negociador e não a um litigante**: este último será possível diante da desgraça de o acordo, na negociação ou na mediação, tiver naufragado definitivamente, e que a instância de apelação aos Tribunais for, a essa altura, inevitável.

A metodologia que acabamos de ver, ou seja, quando a mediação ocorrer por força da lei, não é a única forma de procurar o processo de resolução alternativa de conflitos. Há caminhos para fazê-lo de forma livre e voluntária, a saber:

a) Quando as partes, antecipadamente, decidiram em seus contratos (através de uma cláusula especial[6]) submeter suas futuras controvérsias com mediação privada (o mediador inscrito que não é imposto por força da lei, mas que pode ser escolhido livremente pelos interessados).

---

[6] A cláusula poderia ser redigida da seguinte maneira: "As partes acordem em conformidade que, diante do surgimento de qualquer tipo de controvérsia como conseqüência da execução do presente contrato, antes de qualquer outra instância, submeterão o conflito à intervenção do mediador privado matriculado que seja eleito por sorteio a efetuar-se na presença do escrivão público XXX, de um grupo de três que neste ato fica conformado por... O sorteio será feito nos três dias após notificado o notário, que deverá comunicar às partes o dia e a hora exata do mesmo. A não presença de qualquer das partes (se tiverem sido notificadas em juízo) torna inválido o processo". Sua dificuldade estará em escolher de comum acordo um grupo de pelo menos três mediadores diferentes. A despesa com escrivão para o sorteio será pequena e pode realizar-se privadamente, se houver confiança entre as partes. O mecanismo aqui expresso é simplesmente de orientação, podendo escolher-se outro que acorde com as partes ou que se adapte melhor ao caso em questão.

b) Diante do conflito, as partes que não tiveram a precaução de especificar métodos alternativos de resolução de seus eventuais conflitos nos contratos, podem procurar a mediação a posteriori (sem a imposição da cláusula aludida). Evitarão, assim, se tiver sucesso, apelar à instância judicial. Por isso, basta que decidam dar-se a oportunidade de negociar e escolham um mediador inscrito, se é que não puderam obter uma solução, negociando pessoalmente ou através de seus colaboradores. Nos dois casos (negociando entre si ou com a assistência de um mediador) estarão dando-se uma oportunidade antes de recorrer aos tribunais.

As duas opções são, com certeza, perfeitamente legais, e somente não poderão submeter-se a esse tipo de solução, por exemplo, certos assuntos de ordem pública do direito do trabalho, da família e da sucessão.

Por sua vez, o juiz é cada vez mais procurado na esfera dos negócios e da empresa. Sua admissão como recurso para resolução de conflitos, pelo menos em nosso meio, se deve à grave lentidão de nossa Administração da Justiça e seus altíssimos custos. Portanto, o objetivo primordial que procurou alcançar se refere a tempo e dinheiro.

Em geral, a maneira de empregar o método de resolução de conflitos consta de uma cláusula contratual[7] que estabelece que, em caso de controvérsias futuras, se resolverão mediante julgamento (os juízes podem ser escolhidos livremente. Podem ser particulares ou então instituições especializadas).

---

[7] Um modelo de orientação para a redação desta cláusula poderia ser: "**As partes do presente contrato acordam submeter suas controvérsias ao Tribunal de julgamento de...**" **ou então,** "Qualquer desentendimento entre as partes por motivo da interpretação e/ou da execução do presente contrato será resolvido em única instância e sem forma de juízo por um juiz, contra cujo laudo não caberá recurso algum, salvo se contiver dolo. As partes designam para tal fim — na mesma ordem proposta para o caso em que o primeiro não puder aceitar a designação — as seguintes pessoas..."

Pode acontecer também não se ter preestabelecido contratualmente esse tipo de processo e as partes, diante de um conflito que não pôde ser solucionado através da negociação, decidam evitar a instância de Tribunal escolhendo um juiz para sua solução, tal como acontecia nas maneiras de ativar a mediação.

Fica claro que dificilmente as partes em conflito negociem na presença do juiz designado, como acontecia se o processo fosse de mediação; ao contrário, após ser designado lhe levarão para sua análise todos os antecedentes do caso e o assunto probatório de rigor, segundo as normas estabelecidas para o processo. Na maioria dos casos, o que foi dito anteriormente acontece após fracassar a negociação. Então, o juiz reclama para si somente o estudo do caso e a emissão de seu veredicto como solução, que deverá ser cumprida pelas partes, se assim foi acordado.

Uma das grandes facilidades que nos oferece o método em análise é que as partes podem acordar quem dirimirá sua disputa (não como no caso dos juízes, cuja competência se encontra fixada por lei, independente da vontade das partes), e também poderão acordar as normas do processo do julgamento e sua duração (não como no caso do processo judicial, que é regulado pelo código de processo).

Entretanto, esse formidável instrumento também foi mal aproveitado, ao ser manejado por profissionais com formação no âmbito dos litígios, cuja tarefa é o manejo dos meios burocráticos para a imposição de seus argumentos. Acontece que o remédio, muitas vezes, acabou sendo pior do que a enfermidade, pois ao fracasso do julgamento, seguiu-se uma longa tramitação pelos tribunais.

Acreditamos que, sem dúvida alguma, a conjugação eficiente de todos esses (a priori positivos) instrumentos de resolução alternativa de conflitos (negociação, julgamento, mediação) seria grandemente fortalecida, criando uma sinergia boa para a paz e a economia das pessoas, se cada função fosse desempenhada por profissionais altamente capacitados para isso. Assim como o Estado exige uma nomeação especial para os mediadores (que se consegue após formar-se na técnica da mediação com determinada quantidade de cursos de participação obrigatória); e assim como as partes destinam um cuidado especial na escolha de um juiz probo e respeitável, é conveniente também que o Estado ou as partes de um conflito escolham bem quem cuidará de seus interesses, se é que se encontrem mais interessados num acordo negociado do que numa interminável e custosa demanda.

Nos gráficos seguintes, poder-se-ão ver as diferenças e peculiaridades de cada um dos sistemas analisados.

Gráfico 5: Negociação pura e simples

Esse processo caracteriza-se basicamente por:

- *Inexistência de terceiros*[8].
- Cada negociador representa pelo menos um interesse diferente.
- O processo termina em acordo, ou desacordo.

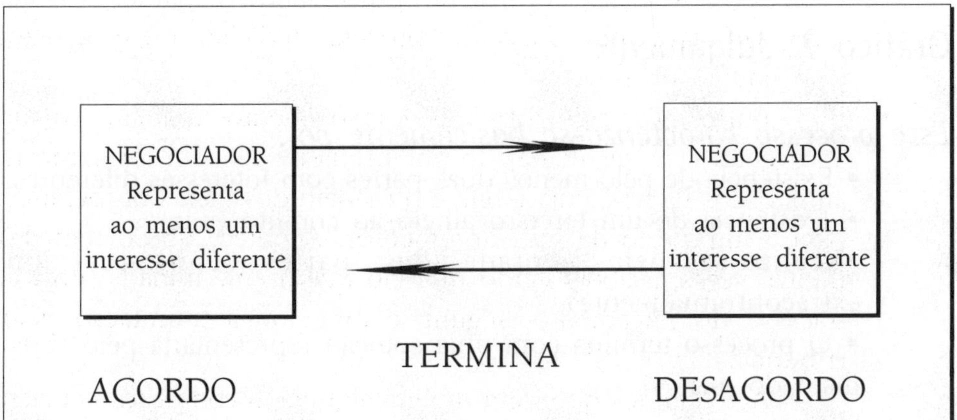

[8] No sentido de que não participarão no mapa principal do conflito, no qual atuarão apenas as partes principais (ou seja, não terão mediadores nem juízes, mas terceiros fora do conflito tal como foi analisado na presente obra).

Gráfico 6: Mediação

Esse processo caracteriza-se basicamente por:

- Existência de pelo menos duas partes com interesses diferentes.
- Existência de um terceiro alheio ao conflito (mediador) que tenha a função de aproximar as partes e não pode emitir um veredicto que represente a solução do conflito.
- Realiza-se pelo poder da lei ou pela vontade das partes (contratual ou extracontratualmente).
- Termina em acordo, ou desacordo.

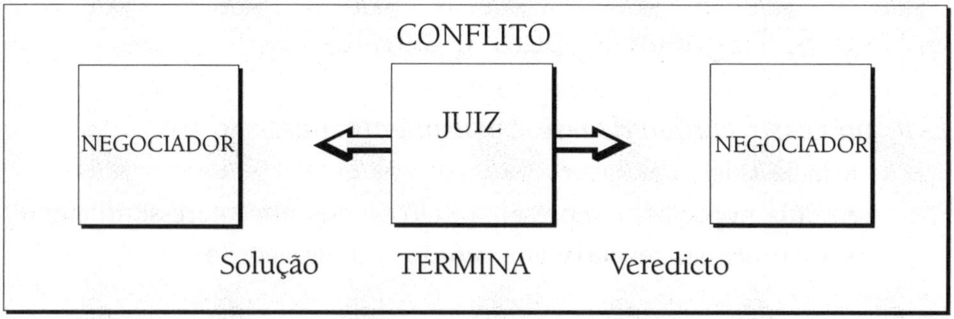

Gráfico 7: Julgamento

Esse processo caracteriza-se basicamente por:

- Existência de pelo menos duas partes com interesses diferentes.
- Existência de um terceiro alheio ao conflito (juiz).
- Realiza-se pela vontade das partes (contratual ou extracontratualmente).
- O processo termina com uma solução representada pelo veredicto do juiz.

Após a revisão dos diferentes meios alternativos de resolução de conflitos, deve-se enfatizar que nestas duas últimas variantes (mediação e julgamento), a negociação profissional tende a melhorar sensivelmente as potencialidades que em si mesmas são boas.

De fato, sabe-se como se podem melhorar os resultados quando durante o processo de mediação interferem negociadores que representam os diferentes interesses que causaram os conflitos. As tarefas do mediador, que pretende conseguir uma solução, são grandemente facilitadas pelos negociadores não influenciados por vícios profissionais (como os advogados, que querem demandar) ou por paixões particulares (no caso das próprias partes). Assim também, durante o processo de julgamento, quando os negociadores contribuem favoravelmente para a solução, oferecendo ao juiz uma colaboração diferente daquela que podem proporcionar àqueles cujo método é o confronto e oposição em defesa de argumentos.

Vistas as características fundamentais desses instrumentos, aos quais atribuiu um valor bastante positivo em nome da resolução de conflitos de modo eficiente e com menores custos (econômicos, pessoais), convém destacar que na cultura contratual de muitos países é costume colocar uma cláusula na qual se determina quais serão os tribunais competentes para dirimir qualquer conflito eventual futuro entre as partes.

Embora a inclusão de referida cláusula continue sendo efetiva, seria bom que as partes decidissem incluí-la como última alternativa, levando em conta que nossa legislação é absolutamente permissiva (com raras exceções) a submeter a solução de controvérsias a processos como a mediação e o julgamento (excetuam-se casos como o divórcio, guarda de menores, sucessões etc.). Não prejudicarão em nada os interessados, mas, pelo contrário, incluir-se-ão nos usos contratuais modos alternativos que agregarão oportunidades à tentativa da solução do conflito sem que se chegue aos Tribunais.

Tanto a economia como o tempo e paciência das partes estão agradecidas, como também o Estado, que vê seus Tribunais sem longas filas de profissionais batendo em suas portas à espera de uma solução de seus sacrificados clientes.

Por isso, e deixando para os tribunais a última instância, podemos colocar nos contratos cláusulas que predeterminem o que no direito anglo-saxônio (no qual se encontram mais habitualmente estes instrumentos) denomina-se ADR (Alternative Dispute Resolution, ver notas anteriores n. 3 e 4). Isso importará a obrigação das partes contratantes tentarem os caminhos da negociação antes da demanda judicial.

Não se deve entender que métodos como a mediação privada ou o julgamento só se encontram à disposição das grandes empresas ou para assuntos complexos. O cidadão deveria lançar mão mais freqüentemente desses meios, justamente para seus assuntos mais comuns e cotidianos, porque é exatamente a ele, o sofrido cidadão com problemas simples ou de pouca significação econômica, mas de alto impacto em sua vida cotidiana, ao qual se torna difícil o acesso à Justiça, seja pela dificuldade e sofisticação de seus trâmites ou pela lentidão em dar-lhe uma solução, que chegará (se algum dia chegar) quando para ele o problema já não mais existir.

E não é tão difícil. Lembro-me de um caso de pouco valor econômico que tive de fazer tramitar pelos Tribunais nos meus primeiros passos de advogado: uma pequena empresa deixou que a água infiltrasse na parede de uma vizinha. Esta, cansada de tanto reclamar, procurou-me em meu escritório. Como as relações pessoais entre os opositores estavam um tanto quanto perturbadas, os que causavam o prejuízo não ficaram muito contentes quando os processei e assumiram uma atitude processual totalmente obstrucionista. Após a apresentação de centenas de documentos, os quais procuravam deixar cada vez mais confundida a parte contrária, devo admitir que, finalmente, chegou a solução para meu cliente: haviam se passado três anos e meio de demanda, durante os quais teve de ver sua casa transformar-se em ruínas.

Para a parte acusada não foi muito melhor: teve de pagar os prejuízos, mais os peritos designados pelas partes, os peritos oficiais, a taxa de Justiça, os interesses e outras custas judiciais.

Eu me pergunto quanto poderiam ter economizado todos os envolvidos (fundamentalmente as partes implicadas) se tivéssemos negociado ou designado um mediador ou juiz.

Existem várias operações da vida cotidiana que, por uma questão ou outra, não devem complicar a vida no dia de amanhã. Uma das fontes de conflitos é a compra e venda de imóveis: uma umidade que antes não existia, as vibrações não reveladas do metrô, o cano d'água que solta gás, e o piso superior onde se fazem ensaios do grupo de heavy metal. Quantos desses assuntos irão para os Tribunais? E se assim fosse, talvez antes da solução nos tenhamos mudado várias vezes ou o grupo de rock, agora convencido pelos avós, nos satisfaçam com seu variado repertório de suaves melodias clássicas. Por isso, e nas jurisdições onde não for obrigatória a mediação, seria bom designar como juiz o escrivão da operação traslativa de domínio ou a um terceiro de confiança, diante da eventualidade de surgirem no futuro problemas menores, se é que antes não possamos obter uma solução através da negociação. Isso poderia realizar-se facilmente com um simples instrumento firmado pelas partes e onde se escolhesse um mediador ou se fixassem as faculdades do juiz, competente para essa solução. E recordemos que não estamos levando prejuízo algum, pois sempre nos restará a Justiça como última instância.

Para as pequenas e médias empresas, a negociação, a mediação e o julgamento significam alternativas espetaculares. Para elas o acesso à Justiça é também extremamente difícil e sempre repetimos: é cara, lenta e a solução incerta. Então, em nada os prejudicará; pelo contrário, terão tudo a ganhar, se antes do acesso à Justiça decidirem negociar com negociadores profissionais, escolherem mediador ou o juiz ou qualquer das combinações que realmente possam acontecer no sistema legal que os reger.

Uma vez que as grandes empresas têm muitos recursos, podem suportar mais facilmente o peso do custo e do tempo, próprios dos Tribunais já apontados. Entretanto, é possível destacar como as grandes multinacionais envidam grandes esforços ao procurar solucionar seus conflitos mediante a negociação e outros mecanismos alternativos. Nisso, muito bem poderíamos imitá-los.

5

PODER, TEMPO, INFORMAÇÃO, LEGITIMIDADE, VERSATILIDADE E PLANEJAMENTO

As seis qualidades do bom negociador

Estou totalmente convencido de que se manejarmos bem esses elementos, além das dificuldades próprias de cada processo, alcançaremos, na maioria dos casos, o controle da situação. E sobretudo saberemos em cada momento até aonde iremos para satisfazer nossos interesses. Assim, poderemos também avaliar quando e o que ceder e não nos transformar em meros repetidores de técnicas de negociação alheias: teremos nossa própria resolução, dependendo das circunstâncias.

Embora alguns desses elementos tenham sido tratados noutras oportunidades, procura-se, agora, ter uma dose de realismo e praticidade, de modo a poderem contribuir mais eficazmente para nossa tarefa habitual de negociadores. E como se disse na Introdução, ter em conta sobretudo nossa cultura e nossa maneira peculiar de ser e de aceder ao mundo do conflito e sua solução mediante a negociação.

Poder

Que significa ter poder na negociação? Significa poder fazer o que se deseja e quando quiser (seja consigo mesmo ou com os outros) com o objetivo de conseguir o que se espera. A esta situação poderíamos chamar de "poder absoluto" com relação ao processo de negociação. Imaginemos se pudermos fazer o que desejarmos e conseguir o que quisermos: para tudo isso, o nosso poder deveria ser muito grande. Tanto isso é verdade que nem sequer seria necessário negociar.

Com certeza, jamais teremos a prerrogativa de resolver todos os problemas, pois nunca (ou quase nunca) teremos poder tamanho. Nossa capacidade de fazer o que desejamos e que os outros nos façam nossa vontade dependerão do **tipo de negociação que tivermos, do assunto negociado, da habilidade e do poder relativo dos adversários**. Por conseguinte, nem em todas as negociações teremos o mesmo poder e se torna claro que somos levados a pensar que, em qualquer tipo de negociação, quem tem mais poder é quem leva vantagem.

Entretanto, não devemos deixar-nos levar pelas avaliações apressadas com respeito ao poder da outra parte. Muitas vezes nos ensinam que negociar bem é negociar sem ceder e que isso importará uma demonstração de poder muito forte. Parece-me um conceito equivocado, pois se o negociador nada ceder, acreditando que com isso tem poder, como fará para chegar a um acordo? Isso só se dará pela imposição. E se se impõe, não se negocia.

De modo que sempre teremos de ceder, pois o que temos para dar é o que nos torna atraentes a fim de que outra pessoa negocie conosco. Tenham certeza de que pessoa alguma, em sã consciência, negociará com quem nada tem a dar (negociar o quê?). Por isso, se alguém poderosíssimo negociar comigo é porque algo tem para dar-me, pois do contrário eu não negociaria com ele. Por outro lado, eu também tenho algo a dar que interesse a essa pessoa, porque, do contrário, a ela tampouco interessaria negociar comigo. Portanto, esse interesse, essa ansiedade, essa necessidade que o poderoso **tem é meu poder e devo saber resguardá-lo**.

E o que nos dá poder numa negociação? Variará de acordo com o campo em que nos movamos; no campo das relações políticas internacionais, o poder dependerá da capacidade militar, econômica, cultural, de determinado país. Considerar o modo pelo qual se manifestará o poder nesse tipo de circunstâncias não é nada difícil: numa negociação entre um país pobre africano e um importante país europeu, quem terá, em princípio, mais poder?

Se observarmos outro campo, por exemplo, o do mundo dos negócios, notaremos que terá mais poder aquele que atuar em nome de uma gigantesca multinacional (uma vez que disporá de todo tipo de recursos: os melhores assessores, os melhores advogados, capacidade econômica etc.) do que aquele que negociar individualmente, como simples consumidor.

Numa família, terá maior capacidade de negociação o membro que tiver liderança e (sempre em princípio) terão maior poder de negociação os pais do que os filhos menores (poder que depende da autoridade paternal).

Se formos ao campo do trabalho, na maioria dos casos, o poder estará mais do lado do empregador do que do empregado ou trabalhador, pois é quem ostenta a posição dominante por muitos fatores (recursos, o poder de demissão, de alterar as relações de trabalho, de rebaixar o empregado, de transferi-lo etc.).

Admitindo-se que **o poder é um recurso muito importante para ser desprezado**, procuraremos ver como podemos incorporar um pouco mais de poder quando o que temos é escasso, a tempo de tentar reduzir o que ostenta o outro. O fato de que em alguns casos aconselharemos atuar sobre o poder da outra parte para diminuí-lo, se deve a que se se encontra apenas de seu lado ou principalmente de seu lado, terá maiores possibilidades, como é óbvio, de conseguir seus objetivos, e talvez (o que é pior), em detrimento dos meus. De modo que é melhor começar uma negociação com o maior número de técnicas possível (aspecto que se verá em seguida no n. 1). E se não tiver, ver como posso diminuir o da outra parte (que se verá no n. 2). Toda técnica que pudermos adquirir nesse sentido[9] terá como resultado imediato melhorar minha capacidade de negociação e, eventualmente, reduzir a do adversário.

1. Como conseguir o próprio poder?

- **Confiando em meus argumentos:** nunca, jamais, devo participar de uma negociação na qual possa revelar insegurança. Do contrário, a perda de poder seria, talvez, irremediável.
- **Nunca, jamais, quebrando uma promessa**. Se o fizesse, colocaria minhas palavras (das quais me valho para negociar) num estado de dúvida permanente. Isso me tira autoridade, que é algo bastante semelhante ao poder.
- **Conhecendo todo o processo de negociação.** Suas regras, os antecedentes, o assunto negociado e a aptidão de meus adversários.
- **Evitando negociar com a pessoa errada**. Se negociar com quem não toma as decisões, diminuirei meu poder de confiança, pois será justamente essa pessoa quem dará a conhecer meus argumentos diante de quem as receber. Assim, meu representante diante daquele que decide será... um dos adversários.
- **Mantendo a calma,** mesmo nas circunstâncias mais difíceis. Num processo de negociação é levado a ser derrotado quem perde o controle, pois contribui para a diminuição de sua

[9] Nem em todos os casos poderemos utilizar de modo absoluto todas as técnicas, e menos ainda ao mesmo tempo. Tampouco devem ser assim, mas para escolher as que nos convêm ou possam ser aplicadas ao caso concreto.

aptidão e autoridade. *"O bom combatente não é irascível"*, diz o Tao Te Ching.

- **Lembrando-me que negocio com seres humanos**. A pessoa impecavelmente vestida sentada na poltrona central da multinacional também terá suas fraquezas, suas necessidades básicas e algo a arriscar. Terá auto-estima, princípios morais e toda uma vida pela frente na empresa. De modo que cada um desses aspectos pode ser revertido a meu favor, se souber como agir e no momento certo. Por que não pôr à prova dizendo (sempre com amabilidade e em forma de pergunta), quando ameaçam tirar meu filho do colégio pelo atraso das mensalidades: "Olhe, já lhe disse que cumprirei com minhas obrigações. Por que não se coloca um segundo em meu lugar e perceba que é uma criança que deixarão fora da escola?" Ou a esse insensível gerente que insiste em que se diminua meu crédito na conta corrente: "Queria imaginar, uma vez que você não tem esse poder, que diria seu chefe se, por sua insensibilidade eu resolvesse mudar de banco..."
- **Empregando sempre um bom vocabulário**, pois tende a perder poder quem formaliza seus argumentos em linguagem vulgar ou ofensiva.
- **Procurando criar uma corrente de simpatia,** pois é mais fácil conseguir o que se quer, sorrindo, mais do que chorando.
- **Procurando ser justo**, pois perde autoridade quem procura causas arbitrariamente ambiciosas. Imagine-se do outro lado e pense se estaria mais disposto a ceder se for uma reclamação justa ou uma petição fora de propósito.
- **Evitando ser previsível,** pois meus argumentos e meu talento ou capacidade serão muito mais poderosos se os empregar quando menos se esperar. Às vezes é curioso ver em reuniões os participantes de um processo de negociação, como cada um deles nos vai premunindo acerca de suas habilidades e de suas capacidades, seja mediante sua

bajulação, sua ansiedade por demonstrar quanto sabem ou quão importantes procuram ser na organização de sua empresa. De modo que seu baixo perfil nos dará poder, pois não alertará os outros sobre nossas potencialidades, tampouco sobre nossas fraquezas.

- **Procurando fazer com que as coisas não se tornem difíceis**, pois nos processos complexos triunfariam, possivelmente, aqueles que têm mais recursos. Lembremo-nos que tudo o que é difícil, no começo era fácil.
- **Procurando não negociar sozinho**. No momento certo, se meu pedido não for ouvido como deve, como consumidor, não devo duvidar em buscar ajuda nas associações de proteção ao consumidor. Se empregado, comunicarei meu problema aos associados, e se empresário, na Câmara que agrupe meu setor de empresário. Assim, será uma organização contra a outra organização que deverão entender-se.
- **Desarticulando ou neutralizando prejuízos do outro**, pois se o oponente tem idéias erradas sobre nós ou sobre nossa organização, será inútil querer convencê-lo no processo de negociação, por mais razoáveis que possam ser meus argumentos. O negociador profissional saberá descobrir se existe esse tipo de inconveniência para trabalhar antes de tudo em repará-lo, pois mal poderá negociar eficazmente com alguém que se encontre pensando (fruto de uma concepção errada) que seu negociador "não trabalha com o melhor produto ou serviço" ou "pertença a uma organização que não cumpre seus compromissos"[10].

[10] Lembremo-nos do que foi visto no capítulo *O Conflito* sobre "As percepções como fonte do conflito". O negociador eficaz saberá que ao iniciar uma negociação não deve negociar com os que formam seus critérios baseando-se em "as figuras das sombras das coisas reais"; mas com os que viram realmente as coisas. Para isso deve desarticular as percepções falsas. Isso evitará que existam critérios que levem a equívocos ou decisões mal tomadas, próprias ou alheias.

Bem, até agora tentamos obter poder. Muitas vezes, todas as técnicas e conselhos poderão ser usadas em seu todo. Outras vezes, por força das circunstâncias, não nos será possível chegar à prática. Mas, com certeza, contribuirão para nos fazer sentir mais seguros de nós mesmos.

Para mim, sem prejuízo de nosso poder relativo, quem negocia conosco continua ostentando, ainda, muito poder. De modo que quisera saber como poderia fazer para enfraquecer, pelo menos em algo, esse poder.

2. Como fazer para diminuir o poder do oponente?

- **Obstruindo a possibilidade de pagar seus débitos e a autoridade a seus pedidos ou argumentos**. Inevitavelmente, se tivermos sucesso nessa prática, nosso adversário irá perdendo confiança em si mesmo. Podemos consegui-lo de muitas maneiras. Por exemplo, mostrando-lhe que seu pedido é exagerado ou falso em comparação com os valores de mercado, como também, em diferentes negociações, a opinião de famosas personalidades no assunto etc. Na medida em que puder desautorizar os argumentos de meus oponentes com critérios objetivos, irão sentido insegurança com relação às suas posições.
- **Procurando negociar sempre com alternativas**. Pois se eu tiver apenas a opção que me é oferecida, todo o poder ficará com quem oferece.
- **Pelo conhecimento das alternativas do outro**, pois disso dependerá o valor que terá meu acordo para seus interesses. De maneira que, saber que meu adversário não tem outras alternativas e que para ele é importante um acordo, a posição dominante que mostra será (o mais seguro) pura atuação. Imaginemos fazer uma oferta, na compra de uma casa, a um orgulhoso proprietário vendedor que a recusa

com desdém. Se nossa proposta for justa e, além disso, soubermos que nunca obteve uma oferta melhor, esse fato tirará autoridade a seu desprezo, transformando-o num simples despropósito.

- **Enfraquecendo as alternativas do outro**. Muitas vezes, as circunstâncias da vida fazem com que devamos negociar sem "alternativa alguma", enquanto o oponente o faz com muitas. É o caso dos vendedores que devem batalhar com distribuidores ou atacadistas que têm dezenas de outras ofertas de produtos ou serviços, ou com a possibilidade de conseguir melhores preços, qualidade, variedades e prazos mais flexíveis. Estes últimos têm todo o poder, pois podem lançar mão de qualquer de suas alternativas, enquanto o vendedor *tem como única saída o acordo, pois significará a possibilidade de vender*. Se este for o seu caso, a não ser que comercialize o melhor produto da praça, com o melhor preço e o melhor prazo, **não resta outro caminho senão tentar trabalhar sobre as alternativas de seu cliente**, procurando, obviamente, debilitá-las com a intenção de:

a) Se tiver falências, procrastiná-las.
b) Se são realmente muito boas, enfatizar seu próprio produto a ponto de os de sua competência brilharem muito menos do que realmente brilham.

- **Sabendo como procedeu meu adversário em outras negociações semelhantes**. Pois pode muito bem ocorrer que procure superar-me arbitrariamente, quando, em casos anteriores, tratou de maneira bem diferente seus co-participantes.
- **Na medida do possível, procurar evitar que uma pessoa que não tem autoridade suficiente para dar a última palavra, negocie conosco**. Isso geralmente acontece nas empresas em que, por exemplo, um gerente, após chegar a um "acordo" com, suponhamos, um importante fornece-

dor, lhe diz: *"Entretanto, ainda não podemos formalizar o negócio, pois necessito de uma aprovação da Diretoria. Não se preocupe, é apenas uma formalidade"*. Como resultado, dois dias depois, o fornecedor será notificado sobre a aceitação do "acordo", mas com pequena "modificação", a qual obviamente sempre favorecerá a empresa. Eu chamo a isso "pagamento de pedágio", porque em 95% dos casos, o fornecedor aceitará, acreditando que, depois de muitos trâmites e não sendo significativa a cessão que deve fazer, é mais conveniente pagar o custo do que ter de suportar seus objetivos. Ao aceitar negociar com um agente que não tinha poder suficiente para fechar um acordo, cometeu um erro, pois, à luz dos resultados que acabamos de ver, na realidade terminou diminuindo o próprio poder.

Depois do exposto, acredito que teremos de concordar que ter poder é muito bom na negociação. Também vimos algumas técnicas para procurar alcançar nosso objetivo, pois de per si, nenhum deles pode garantir-me uma boa negociação.

Assim, iremos procurando acumular cada vez mais capacidades para negociar com sucesso.

TEMPO

Já disse que a negociação demanda tempo. Em pequenas negociações domésticas de aumentar e diminuir a discussão de preço, o tempo do processo será com certeza pequeno. Trata-se, porém, de uma relação proporcional. Quanto mais complexa for a negociação, maior será o tempo despendido.

No capítulo sobre o conflito, ao mencionar a motivação que uma pessoa pode chegar a ter para ficar numa situação de conflito, dizíamos que estava vinculada à urgência em conseguir resultados. Também nos referimos a que a decisão de ingressar em zona de turbulências podia ter suas causas nas oportunidades que poderiam apresentar-se para conseguir bons resultados (ver capítulo 1, "Diferentes peculiaridades do conflito e seu valor para as partes"). Nesse ínterim, já aparecia o tempo como uma variável importante, e é por isso que agora deve ser estudado mais cuidadosamente, como elemento de valor na negociação.

Minha primeira observação é que **toda negociação deve ter ritmo**. Se procurarmos compreender o que é o ritmo numa negociação, observemo-lo do ponto de vista de quem negocia com urgência (ou seja, aquele que deve obter um resultado numa margem limitada de tempo, depois dele o resultado não seria desejável). Para essa pessoa, o ritmo será vital, pois pode acontecer o luxo de o processo de negociação perder dinâmica em algum tempo, com o risco de que desvaneçam seus objetivos. Então, se estiver em processo de negociação, na posição de quem tem algum tipo de urgência, minha prioridade é manter o ritmo (ou seja, a vigência da negociação para todos os envolvidos no processo). Sob esse aspecto, se observar que a negociação vai perdendo vida, também o estará fazendo minha possibilidade de tornar-me o que desejo.

Claro que se estivermos envolvidos num processo em que a concessão for fundamentalmente de nossa parte, o qual não nos interesse muito, e os tempos não nos apertam tanto, nossa técnica será liberar o ritmo da dinâmica de negociação. A melhor maneira de conseguir esse objetivo é não estar presente fisicamente. Haverá viagens a fazer (reais ou não), chamados imprevistos que me impossibilitarão estar na reunião ou qualquer outra desculpa que, não tão grosseira que perturbe a relação, me deixe numa posição de expectativa até que o vencimento dos prazos seja cumprido.

O que devemos de fato levar em conta é que, estando de um lado ou do outro, quaisquer de nossas condutas revelarão de que lado estamos (isto é, as ações das partes revelarão os que têm urgência e os que não as têm).

Portanto, o exposto é algo que devemos ter sempre em conta no momento de planejar nossas táticas. Enquanto decidimos os passos a seguir, devemos pensar se existe a possibilidade de que nossa intenção (que se revelará como conseqüência da exteriorização de nossos atos) possa ser dissimulada: muito ritmo ao negociar, sem que existam baixas nem demoras, revelará minha urgência? Minhas ausências manifestarão meu desejo de que alguém perca interesse num objetivo? Tenho alguma alternativa que possa dar outra aparência a minhas manifestações? Lembremo-nos que num processo de negociação, nossas condutas sempre estarão sendo observadas. Mesmo quando da nossa insistência em faltar à reunião, haverá alguém elaborando todo tipo de conjecturas sobre as causas da falta. De modo que devemos ser muito prudentes no momento de permitir que nossas ações dêem motivo a que se estimule o planejamento de nossos adversários, basicamente quando estamos do lado de quem precisa de urgência.

Agora, veremos se podemos planejar, utilizando o processo de negociação como observação, valendo-nos do tempo como ponto de referência para determinar nossa conduta e qualificar a dos outros. Para isso veremos um simples gráfico.

Gráfico 8: Processo de negociação

Antes de analisar o gráfico, façamos algumas breves considerações.

Para explicar melhor o processo de negociação, quanto ao aspecto temporal, imaginemos haver uma linha dividida em dez segmentos diferentes, a qual será o núcleo do gráfico que veremos a seguir. Para observar melhor os efeitos desse exercício, vejamos alguns pressupostos: a) devemos admitir que a negociação seja entre duas partes com poderes semelhantes; b) que as duas partes estejam igualmente interessadas em negociar; e c) que chegarão finalmente a um acordo.

Com relação à duração temporal do processo hipotético que passaremos a estudar, será indiferente a negociação ter uma extensão de um ano ou de duas horas. Podemos marcar cada segmento com o valor de tempo aleatoriamente. Assim, se se tratar de uma reunião de trabalho de duas horas, o fato de sentar-nos à mesa para negociar se encontrará no segmento um e quando nos dermos a mão, fechado o acordo, estaremos no número dez (minuto 1, segmento 1, minuto 120, segmento 10). Se o processo for muito extenso (por exemplo, 365 dias), não importa, pois essa linha imaginária de segmentos abarcará todo o processo da negociação, tal como acontece no exemplo anterior (nesse caso, o minuto 1 será equivalente ao segmento 1, e o dia 365, ao segmento 10). O importante é que nos valeremos deles para observar, em linhas gerais, o que vai acontecendo com a dinâmica (o que devemos fazer e o que não) conforme avança o tempo no processo de negociação.

Por sua vez, dividi esses segmentos em três, atribuindo a cada terça parte um nome que oriente sobre o que acontece em cada um deles. Para facilitar sua composição, poderão ler o resumo dos aspectos mais importantes a considerar conforme transcorrem os diferentes segmentos.

SEGMENTOS DE SONDAGEM E BUSCA DE INFORMAÇÃO	SEGMENTOS DE RISCO	SEGMENTOS DE CONCESSÕES RECÍPROCAS
1 2 3 4	5 6 7	8 9 10
Que devemos fazer? Buscar informação, ter paciência, produzir confiança, caracterizar nossos adversários Que não devemos fazer? **Dar passos ousados ou prematuros, dialogar sem sentido ou fazer perguntas inquisitórias. Perder tempo com conversas inúteis.**	Que devemos fazer? Procurar inteirar-nos dos verdadeiros interesses das partes. **Que não devemos fazer? Cair na ansiedade e na impaciência. Perder o controle.**	Que devemos fazer? Procurar saber quando será o segmento dez de nossa contrapartida. **Que não devemos fazer? Revelar nosso tempo-limite.**

SEGMENTOS DE SONDAGEM

Os primeiros segmentos (como se nota no quadro, de 1 a 4) serão os mais importantes, pois neles se darão as ameaças, as posições irredutíveis, ou, se as coisas marcharem muito bem, as falas inoportunas ou de sondagem. Entretanto, esses segmentos são muito úteis para: **a) a obtenção de informação, b) gerar empatia, c) gerar confiança, d) saber quem são meus adversários.** Por isso, não se deve subestimar em nada os primeiros contatos, pois podem ser o campo de ação do diálogo e do fortalecimento das relações. O que pode ser uma conversa superficial para um negociador autodidata, deve ser a via que conduza a algo realmente frutífero para os profissionais. Na maioria dos casos, essa categoria de segmentos é a que costuma não ser proveitosa para negociadores inexperientes, quando com certa rusticidade acabam dizendo com falta de educação, no meio de um diálogo amável: "*Vamos ao que interessa*?", quando, na realidade, estavam num terreno bastante propício para obter informação, (que será com certeza perdido com essa atitude). Ou quando, com gentileza, continua com o diálogo em forma animada, mas falando de coisas sem sentido e sem objetivos (que deveriam ser apontados nos itens a, b, c e d.).

Numa outra ordem de coisas, paciência deveria ser a palavra com a qual acertar o que foi exposto acima: devemos saber que nesses segmentos, se dermos passos arriscados, teremos mais a perder do que a ganhar. Isso significa que se tivermos bons elementos ou uma boa pedra para jogar, levando-se em conta a destreza do enxadrista, não devemos mover a rainha muito rápido.

SEGMENTOS DE RISCO

Os segmentos centrais (5, 6 e 7) serão aqueles nos quais as partes manifestarão suas primeiras ansiedades. Imediatamente depois, os negociadores inexperientes (repetem as condutas errôneas expressas anteriormente) terão visto que durante os primeiros segmentos do processo de negociação perderam muito tempo e se sentirão impacientes. Irremediavelmente, o segmento 10 irá aproximando-se, com o qual também se aproximará o momento-limite para se chegar a um acordo. Como o tempo passa e não volta mais, os nervos começam a dar sinal de esgotamento. **Por isso, esta etapa é constituída dos segmentos dos grandes erros**, pois a ansiedade e o desespero são os grandes males do negociador. Se as ações da pessoa hipotética acontecerem numa negociação real, o olho de lince de um negociador profissional captará, de imediato, as diferenças existentes entre as posições de seu adversário e seus reais interesses[11], como também se o segmento 10 estiver longe ou perto de seu competidor.

SEGMENTOS DAS CONCESSÕES

Os últimos segmentos (8, 9 e 10) são os da formação do acordo e, portanto, **os das concessões recíprocas**. Se existir um só assunto com relação ao qual colocar-se de acordo, estes serão os segmentos nos quais esse evento ocorrerá e, se forem vários, a maioria deles terminará nesta etapa. Por e para isso devemos

[11] Posições e interesses: acompanhando a linha da escola de Harvard de Negócios, dizemos como se fosse uma explicação simplificada que os interesses representam os verdadeiros objetivos que as partes têm na negociação, enquanto que as posições são os papéis cênicos que assumem em sua intenção de procurá-los (cf. *Sim, de acordo*, de Roger Fisher. William Ury e Bruce Patton, Editorial Norma).

estar bem preparados e é importante lembrar que muito dificilmente possamos reparar aqui o erro que tivermos praticado nas etapas anteriores. O momento da existência do segmento número 10 (tempo máximo para uma parte ou as duas chegarem a um acordo) pode ser indeterminado, mas, muitas vezes não, seja porque existe um tempo-limite estipulado, ou porque, não existindo, uma das partes (ou ambas) o tem e o guarda bem guardado. Claro que, por ser revelado, deixaria a esse negociador exposto a que se saiba qual é o último segmento (como se disse, momento crítico por ser seu limite para chegar a um acordo, ou porque após esse prazo a falta de acordo fá-lo entrar numa etapa de perdas econômicas fulminantes). De modo que, se essa parte desejar chegar a um acordo, ou precisa chegar a um acordo[12], a manifestação de seu último segmento o deixará em maus lençóis, pois se poderá determinar com certeza qual o momento ideal durante o processo de negociação para arrancar-lhe concessões. Para explicar isso, podemos utilizar o seguinte exemplo: Se você necessitar urgentemente adquirir uma casa, pois já vendeu a sua e deve entregá-la aos seus novos proprietários em trinta dias, qual será o momento no qual estará disposto a pagar valor maior por outra? Se a negociação pela nova casa começou exatamente no dia seguinte ao da venda da anterior, com certeza não será no primeiro dia da negociação. Mas se você não chegou a um acordo dentro dos próximos vinte e nove dias e tampouco tem outra casa dentro de suas possibilidades razoáveis, seu último dia de negociação, acredite em mim, **será realmente um desastre**. De modo que: a) procure comunicar seu último segmento, b) procure a qualquer custo recursos éticos para saber qual o último segmento de seu opositor.

---

[12] Querer ou desejar um acordo ou precisar dele: grave diferença que existe entre poder escolher a melhor proposta ou ter de tomar a única que tiver pela frente.

Quando não convém chegar a um acordo antes do tempo

Nas negociações complexas[13], nas quais o tempo tiver uma importância fundamental, um assunto interessante a considerar é aquele que mostrar o cenário da seguinte natureza:

Existência de uma ou várias partes em meio a muito complicadas conversações.

Todos sabem que existe um limite para se chegar a um acordo, ou a negociação naufraga inexoravelmente.

Entre todas as partes, existe uma mais interessada do que as outras, nas quais o processo termine com sucesso.

Do processo de negociação não se segue imediatamente a subscrição dos contratos ou respectivos acordos, mas que as partes chegam ao entendimento, abrindo-se de imediato um plano de prudência até a efetiva materialização do mesmo, mediante os instrumentos adequados.

Pode acontecer que, inesperadamente e imediatamente após negociar arduamente, esses negócios se encontrem na situação de que se colocaram de acordo **antes do momento crítico referido em b)**. Essa circunstância peculiar deve ser muito bem administrada pelo negociador que estava no processo de negociação na função de ser o mais interessado em que o acordo acontecesse (ou seja, o negociador mencionado em c). Isso, pois, entre o tempo que acontecer o aperto de mão, até a assinatura dos respetivos documentos (d), a quem mais procurou o entendimento, pode acontecer que seus oponentes procurem arrancar-lhe concessões de último momento. Claro que resta um espaço vazio ou morto no qual, apesar do acordo, sua materialização está por

---

[13] Refiro-me às negociações que abarcam um bom espaço de tempo e que culminam com a subscrição de uma minuta de reunião ou uma intenção, deixando de imediato um espaço para a feitura, por parte dos advogados, dos contratos que contenham os acordos obtidos.

um fio, pois ainda não existem os instrumentos formais firmados (contratos, acordos etc.). Para evitar essa circunstância, com muita habilidade e sutileza, mantenha-se o processo de negociação vivo até o momento mais próximo da subscrição do acordo ou respectivos contratos. Ou seja, até o momento mais próximo da datalimite conhecida de todos (b).

Dou a seguir um exemplo que, embora nada tenha a ver com a assinatura dos contratos imediatamente após o processo de negociação, serve para dar uma boa descrição do que se disse acima. Trata-se de um difícil processo de negociação de um projeto de lei na Câmara do Senado da Nação, no qual eu assessorava uma legisladora, *ad hoc*, da bancada oficial. O Governo precisava dessa lei como importante ferramenta de sua estratégia de gestão e o prazo para sua sanção terminaria inexoravelmente (todos sabíamos que o Governo precisava da sanção para a aprovação de um crédito stand-by por parte do FMI e que deveria acontecer num plano determinado). Entretanto, e apesar das duras negociações, não conseguíamos fechar o acordo. No meio de um batalhão de assessores, eu era mais um dos que negociavam denodadamente para vencer o tempo, obter o que precisávamos e fechar o acordo que conseguisse um veredicto da comissão[14] o mais rapidamente possível. Recordo-me de quão vitorioso e eficiente me senti, quando, finalmente, e com muita ingenuidade, corremos a avisar a bancada oficial que o acordo estava fechado. Sentíamo-nos muito orgulhosos de ter encerrado um entendimento inclusive antes do tempo-limite! Claro que restava uma margem de tempo até a sessão da Câmara do Senado[15] na qual

[14] Veredicto de comissão: instrumento pelo qual as diferentes comissões legislativas recomendam ou não a votação em geral e em particular de determinado projeto de lei, imediatamente após tê-lo estudado e debatido entre os diferentes legisladores e assessores.

[15] Imediatamente após o veredicto, é tratado no recinto, eventualmente debatido e votado na sessão ou reunião dos senhores senadores, na qual, se reunir a maioria necessária, transforma-se num Projeto de lei com sessão da Câmara.

se votaria o veredicto que tínhamos conseguido (que se oporia aos contratos mencionados em b). Entretanto, a lição aprendida foi muito dura, pois desde o momento do acordo até a sessão, não pudemos conciliar o sono pelos nervos que nos produziam as constantes pressões da bancada contrária para "*emendas de último momento, todas de forma... nada substancial*", como nos dizíamos jocosamente. Se nosso grupo tivesse mantido viva a negociação até o momento da aprovação no recinto, embora os advogados e outros colaboradores tivessem de esforçar-se para redigir o projeto final aos tropeços, teríamos poupado os nervos... e também importantes concessões com a designação de "emendas de forma". Teríamos conseguido isso procrastinando nossas petições e deixando para outro momento a consideração das propostas que já sabíamos estarem de acordo com nossos interesses.

Desde então, **se tiver de negociar pela parte mais interessada no acordo, se possível, manterei em vigor a negociação até o momento em que a pena tocar o papel para subscrever o acordo**. Assim, poupo a saúde e economizo desgostos aos meus clientes.

Com o exemplo apontado, fica demonstrado quão parecida é esta situação com os segmentos 8, 9 e 10 do gráfico número 8, e como a correta administração do tempo pode ter uma importância fundamental no sucesso ou fracasso de uma negociação.

INFORMAÇÃO

O valor da informação é crucial para o sucesso do negociador. Toda a valorização e avaliação que possamos efetuar com relação às táticas de nossos adversários, de seus verdadeiros interesses e objetivos, dependerão de quanto e quão verídica informação tenhamos podido reunir com relação a eles.

Os movimentos das outras partes, durante o processo de negociação, poderão corresponder a táticas e estratégias, planejadas ou não. A maneira real na qual poderemos interpretá-las corretamente e também, começar a antecipar os próximos movimentos, ocorrerá se, antes, tivermos sido capazes de obter a informação com a qual uniremos o que a outra parte nos revela mediante suas ações e omissões. Do contrário, os movimentos da contrapartida não terão valor algum para nós; será como se nos falassem em outro idioma. E, na pior das hipóteses, ter má informação ou muito imperfeita nos fará cair no erro de acreditar que interpretamos as jogadas da outra parte de forma correta, quando na realidade não fazemos senão agravar nossa situação.

O valor da informação já foi lembrado cinco séculos antes de Cristo por Sun Tzu, um dos autores dos Livros Militares da China, ao afirmar:

— "Tenham espias por todos os lugares, estejam a par de tudo, não descuidem em nada do que poderão saber".

Napoleão também nos faz lembrar:

— "Um espia no lugar adequado vale por vinte mil homens no campo de batalha".

Assim, pouco posso acrescentar aqui a respeito do valor transcendental da obtenção de informação para fazê-la trabalhar a favor de nossos interesses no campo da negociação.

Entretanto, algo que posso indicar, lembrando o elemento junto a outros tão caros à negociação, como a manutenção de uma boa relação com a outra parte e a ética, é que apesar do enorme valor que tem a informação no campo estratégico, jamais deve optar-se por consegui-la a qualquer preço, por meios imorais, pois isso deteriorará, talvez irremediavelmente, o processo de negociação em curso e nos arruinará como negociadores para ações futuras. Sempre é melhor despojar-se da possibilidade de um sucesso conseguido de maneira ruim do que perder para sempre nossa reputação de negociadores honrados.

Como obter informações

Sempre se disse que o bom negociador deve escutar muito mais do que falar. Diz-se que, ao falar, pode-se estar dando informação, coisa que evitará se só escutar seu interlocutor, o qual pode, por sua loquacidade, cair na imprudência de dizer o que não deve.

E mais: esse ensinamento parece ter sido tirado de provérbio bastante antigo que nos aconselha a restringir o uso da língua pois "para isso Deus nos presenteou com dois olhos, **mas uma só boca**".

Penso que todos esses conselhos nos convidam a ser prudentes, mas nada mais, uma vez que será (sobretudo hoje) de extrema e rara boa sorte que alguém, que além disso é nosso contrário, venha e nos diga: "Como estão? Solicitem-nos a informação que desejarem, que a daremos com total sinceridade!"

Cada um de nós sabe que isso é impossível, de modo que deveremos sair em busca da informação de que precisamos. **E acredito que a melhor maneira sempre será mediante o bom diálogo**.

Por essa razão, o negociador hábil nunca será uma pessoa calada, de poucas palavras, que só se dispõe a escutar. Diante de uma pessoa assim, não se está disposto a soltar a língua, mas totalmente o contrário.

Ser gentil, delicado e prudente ao fazer perguntas contribuirá para tornar as relações menos formais e colocar a outra parte em atitude de colaboração.

Com atitude coloquial, com certeza conseguiremos mais coisas do que com um olhar de indiferença. Imagine-se você mesmo diante de uma pessoa que é só ouvidos e medita sobre cada coisa que você lhe diz.

Como devo comportar-me?

Não ser inquisidor. Quem faz muitas perguntas e de maneira pouco cordial se expõe a atitudes de defesa. É melhor averiguar o que buscamos em meio a um diálogo que não tenha o ritmo das perguntas e respostas, pois predispõe de maneira diferente: devemos evitar que nossos adversários se sintam investigados ou estudados.

Não usar linguagem de insulto ou ofensiva. Recomenda-se sempre um vocabulário cuidado e semelhante ao do interlocutor.

Não expor jamais nosso informante diante de seus sócios ou clientes. Se soubermos que está para nos dizer algo, evitar que outros o possam escutar. Deve-se preservá-lo como fonte de informações.

Jamais trair a quem nos dá informação de boa fé, agindo contra o de má fé.

Há riscos?

Ainda assim, devemos lembrar que muito facilmente podemos cruzar todo o caminho para a obtenção de informação mediante o diálogo, sem correr risco algum. Habitualmente nos será pedido, seja expressa ou tacitamente, dar algum dado em troca.

O caminho indicado para a busca de informação não é sem riscos, pois se fôssemos alunos da missão muda não estaríamos arriscando muito, mas haveria pouco a ganhar com essa tática de que pouquíssimos gostam.

Mediante o diálogo, teremos muito a obter, mas estamos caminhando à beira do abismo; pois a ansiedade de estarmos para conseguir a informação que buscávamos nos pode trair e fazer que falemos demais.

Combinar a conversa e a confiança com a prudência e a precaução levará sempre a melhores resultados. Evitar ser ingênuos quando falamos, mas não vacilar no momento de dar certa informação se a que obtivemos ou vamos obter é para nossos interesses de maior valor.

Mais conselhos

- Jamais descuide da informação que podem dar-lhe terceiros, alheios ao conflito e que conheçam peculiaridades ou antecedentes de seus adversários.
- Lembre-se de que a informação não provém apenas da linguagem oral, mas também dos gestos e de toda ação ou omissão de seus adversários.
- Observar que os contrários sabem que você busca informação. Estarão atentos com relação a seus movimentos e podem fornecer dados falsos para confundi-lo.
- Diante da falta de assunto para o diálogo que lhe possam dar a possibilidade de obter informação, não duvide em buscar os típicos assuntos/paixão: futebol, tênis, esportes em geral, mulheres, brincadeira de qualquer tipo, seja o que for. Verá que em pouco tempo estará dialogando sobre negócios de maneira mais desenvolta e relacional.
- Jamais avaliar a informação que tem de maneira isolada, tanto do resto das circunstâncias e peculiaridades do processo de negociação no qual se encontre bem como de seus protagonistas e terceiros. Isso poderia levá-lo a tomar decisões equivocadas.
- Lembrar-se de que as perguntas que formular ou receber também contribuirão para a informação, porque revelam o interesse que as motiva.

Assim, as ameaças que recebermos durante a negociação também nos fornecerão informação, porque saberemos que elemento é percebido pela outra parte como nevrálgico com relação a nossos interesses. Do mesmo modo uma ameaça que imediatamente após a existência dos pressupostos para sua realização não é cumprida, dará a informação ao ameaçado de que, quem a publicou, não é confiável, é covarde ou não deve ser levado a sério. Avalie o que foi exposto antes tanto ao receber uma ameaça como ao lançá-la.

A BUSCA DE INFORMAÇÃO MEDIANTE A "LINGUAGEM CORPORAL OU GESTUAL"

Ninguém ignora que a linguagem corporal nos poderá dar valiosa informação. Como dizíamos, isto é algo que o negociador autodidata sabe muito bem, mas também há autores e especialistas negociadores que, para mim, dão uma importância exagerada a esse assunto, confiando à informação obtida dos gestos um lugar privilegiado.

Sem prejuízo para reconhecer que não se deve descuidar de nada e analisar meticulosamente o que a outra parte nos diz mediante seus gestos e suas posturas, também devemos ser cautelosos em dar importância a essa informação com respeito ao resto. Lembremo-nos de que dissemos que os negociadores são muito bons atores e, talvez, queiram fazer-nos inferir determinados fatos a partir de uma imagem corporal forjada para isso.

Por isso, passo a oferecer algumas linhas que nos podem dar certa informação a partir do tipo de gestos feitos por nossos coparticipantes no processo de negociação, mas sugerindo muito especialmente que nunca deixem de ligá-lo ao resto da informação que tiverem nas mãos. Se a informação obtida mediante a linguagem corporal se ajustar à linha de conclusões que elaboraram da análise da informação em seu todo, servirá de valiosa confirmação de que estão no caminho certo. Mas se existir uma contradição entre a informação geral que tiverem conseguido e a que obtiverem da linguagem corporal da outra parte, deveria conferir a esta última a categoria de um toque de atenção, de um alerta que os aconselhará verificar o que possa aparecer como controverso, mas não para anular ou distorcer de maneira significativa (e muito menos descartar definitivamente) elaborações anteriores ou conclusões.

EXPRESSANDO-SE COM O CORPO

• Quando o corpo transmite medo

Lembro-me que numa reunião de advogados e empresários, na qual debatíamos sobre a aquisição de uma empresa de construção, o colega que assistia a outra parte era uma pessoa com certeza obesa, mas de aspecto espalhafatoso e bonachão. Embora seu rosto brilhasse mostrando saúde, bastava tocar nele para a sua tez perder num repente a cor, ao mesmo tempo que passava a ter uma palidez digna do melhor cadáver. Sua postura e seu vocabulário não perdiam autoridade, mas o esforço de sua parte era brutalmente traído por seu rosto pálido. Lamentavelmente, a solvibilidade intelectual de meu interlocutor não conseguia evitar que seus reflexos mais primitivos me dessem uma informação exata: eu sabia exatamente que assuntos o faziam fraquejar e ter medo... Claro que existe uma explicação fisiológica para o fenômeno mencionado. O medo ou temor faz com que o sangue flua abruptamente para os grandes músculos, como os das pernas, e assim predispor toda a anatomia para uma fuga. Trata-se da reação mais simples e elementar: predispor o corpo para fugir de uma situação que mete medo. O rosto fica pálido simplesmente porque o sangue deixa de circular por ele na quantidade necessária, para que os músculos identificados como prioritários para nosso sistema nervoso possam desempenhar sua função.

• Quando o corpo transmite ira

A postura física dos animais varia drasticamente quando desejam mostrar-se acuados ou ameaçadores. Alterando sua anatomia, procuram aparentar mais do que são. Nesse sentido, é conhecida a posição que os gatos assumem, escondendo-se sob os próprios pêlos, emitindo um chiado que realmente assusta qualquer um. Ou como os cães que eriçam o pêlo, mostrando ao mesmo tempo os dentes pontiagudos. É também esse o caso de certas aves que agitam as penas para parecer maiores e mais temíveis. É o caso de meu amigo, o Engenheiro Vallesteros, que nem bem começava a falar de algum assunto que o desagradava, estufava o tórax, arregaçava as mangas e começava a agitar os braços, levantava a voz e se movia furioso na poltrona. Ao olhar para ele, um pouco mais demoradamente, alguém poderia notar que, se ele estava sentado, suas pernas adotavam uma posição como quem se prepara para levantar-se rapidamente. Todos sabíamos que, quando o engenheiro ficava assim, não se devia falar de sua sogra, nem tampouco de seu clube de futebol, recentemente rebaixado na classificação geral... Esse tipo de manifestação ajudará que paremos com um discurso irritante, se é que desejamos acalmar um pouco os ânimos, ou a reunião fugirá do controle... Ou, por que não, para conseguir exatamente o contrário.

Lembro-me de um colega que sabia lidar muito bem com esse tipo de recurso. Quando, mediante a linguagem corporal de seus adversários, tomava conhecimento de como levá-los à ira, transformava essas pobres pessoas numa espécie de salva-vidas diante de suas próprias situações de pressão: sempre que estava com problemas, nada melhor do que produzir-lhes um assomo de descontentamento para que a perda de controle, a gritaria ou as expressões de fúria ocultassem seus fracos argumentos[16] ou sua má situação.

---

16 Lembremo-nos que a perda de controle ou a ira só dão legitimidade e autoridade a quem a protagoniza. Nunca a seu adversário, embora tenha argumentos mais fracos.

• Quando o corpo transmite medo cênico

As negociações se fazem habitualmente em reuniões quase sempre numerosas. Esse quadro, composto de importantes salas de Diretório, de pessoas impecavelmente vestidas, bem conceituadas, realizando exposições em rotafolios ou powerpoint etc., vale por um cenário. Nesse caso, o medo cênico representa-se por uma sensação de forte parálise, pois nos custa falar, gesticular ou tão-somente ser notados, e tudo isso por temor ao ridículo. A pessoa atacada por esse tipo de sensações procura esconder-se (coisa que poucas vezes consegue, pois move nervosamente as mãos, transpira etc.), custar-lhe-á muito falar e, em geral, adotará uma postura física dominada pelo medo, fechado em si mesmo. Quanto ao resto, na hora de falar, o mais provável é que gagueje ou seja dominado por tiques nervosos.

Conheci colegas que procuraram tirar vantagem desse difícil momento vivido por seus adversários, mas, acreditem, não é boa solução. Destroçar num debate alguém estatelado pelo medo cênico só mostrará que: a) o patrão dispense essa pessoa e mande para a próxima reunião alguém que mostre o outro extremo: um pedante agressivo louco por ser o centro da reunião, ou b) que nossa avassalada pessoa, consciente de suas perdas, procure ver o modo de vingar-se da vergonha à qual o submeteram. Nos dois casos, teremos mais para perder do que para ganhar, e a melhor solução seria mostrar ao nosso amigo um caminho a fim de que se desenvolva mais espontaneamente. Não lhe parece?[17]

---

[17] Neste caso serve o que se expressou no capítulo sobre estilos de negociação, na parte: "O negociador com brandura".

• Quando o corpo transmite surpresa

Muitas vezes, num acalorado debate, queremos surpreender nossos interlocutores, mas nunca sabemos com certeza se o conseguiremos. A linguagem corporal nos pode dar uma pista: quando nosso sistema nervoso percebe que devemos melhorar substancialmente nossa visão, pois pode acontecer um fato inesperado, nos obriga a levantar os supercílios para conseguir um maior campo visual e permitir que entre mais luz em nossas retinas. Então, se desejar certificar-se do efeito-surpresa, comece distinguindo se esse gesto se mostra nos rostos de seus co-participantes.

• Quando o corpo transmite insegurança

Muito freqüentemente tenho me encontrado com pessoas que, quando esgrimem suas propostas ou argumentos, levam a mão à boca, esfregam os supercílios, tossem nervosamente ou cruzam quase sem parar os braços. Por curiosidade, consultei sobre esses gestos a um especialista em comunicação e em linguagem corporal, que me respondeu que, quando observasse esse tipo de gestos em meus interlocutores, deveria interpretá-los como se me dissessem: "Estou te mentindo" ou "Não estou seguro do que estou dizendo".

• Quando o corpo transmite segurança exagerada

Mostrar que estamos muito seguros, enfatizando essa sensação com diversos gestos ou manifestações, pode ser bastante chocante. Pessoas que, quando falam, sinalizam (ou não sinalizam) com o dedo indicador, expressam as coisas como quem fala com a verdade revelada ou nos olha fixamente nos olhos incessantemente, criam um sentimento de rejeição. Sempre ouvi dizer que, quando desejamos mostrar-nos seguros de nossos argumentos, ao expô-los, devemos olhar nossos interlocutores nos olhos. É certo, mas o exagero nos pode causar problemas. Sempre me lembro de um negociador especialista que me dizia que, quando começou a trabalhar, ao sentir-se cheio de incertezas, procurava disfarçar, olhando para todos os seus interlocutores fixamente nos olhos. Mas os resultados foram desesperadores, pois imediatamente após as reuniões, ele havia levantado muitíssimas dúvidas: quando não duvidavam de sua sexualidade ("*me confundiam com um pervertido*!", me explicava), os mais contemplativos lhe perguntavam com insistência "*se não se conheciam, antes, de algum lugar*"...[18]

LEGITIMAÇÃO

O tema da legitimidade pode ser visto sob dois aspectos: objetivo ou subjetivo.

O primeiro está relacionado com a eqüidade no conteúdo das propostas e pretensões dos negociadores. De modo que, na perspectiva do intercâmbio de demandas, concessões e prestações dirigidas pelas partes no processo de negociação, serão *legítimas* quando o conteúdo não for excêntrico, arbitrário ou injusto em comparação com os padrões de eqüidade da média de pretensões semelhantes em semelhantes negociações.

Afirmamos que uma das normas para ser respeitado como negociador é fazer à outra parte uma proposta justa. Isso nos valorizará como pessoas confiáveis e nos levará a ser respeitados nessa e em todas as negociações futuras.

---

[18] Com relação aos elementos Poder, Tempo e Informação, existe um valioso estudo na obra Tudo pode ser negociado, de Herb Coben, Editorial Planeta/Respostas.

Por isso é recomendável fazer um exercício de legitimação de nossas propostas, antes de serem levadas ao conhecimento da outra parte. Para isso, teremos de comparar nossa oferta ou nossas pretensões com as referências que possam proporcionar-nos o juízo de valor ético e os valores que estão em jogo no mercado.

Se desejamos ser levados a sério numa negociação, não é certo realizar demandas desmedidas com o objetivo de ganhar terreno no campo do eventual, futuro e incerto jogo derivado do regateio. Para mim, será mais conveniente realizar ofertas ou demandas justas que podem ser explicadas à outra parte como razoáveis. Assim, nossa legitimidade fará com que a outra parte deva considerar seriamente nossa posição e que deva basear suas pretensões, com o risco de ficar deslocado numa atitude arbitrária ou caprichosa que terminará perdendo autoridade.

Por exemplo, se ficarmos parados discutindo preços com posições por demais competitivas, arbitrárias ou excêntricas, um ótimo método para fazer sair a outra parte de posições rígidas é mediante a pergunta: "Por quê?" Suponhamos que nos encontremos à porfia negociando o preço pelo qual eu desejo vender a você uma garrafa d'água mineral, numa discussão muito forte, sobretudo porque eu quero vender, mas lhe pedi o preço ofensivo de cinqüenta reais, e você precisa da água. Com esse pressuposto, é bem provável estarmos repetindo como se fôssemos surdos minha oferta irracional (R$ 50,00) e sua proposta (por exemplo, R$ 1,00) por um bom preço. Ora, se você tentar perguntar-me "por quê" estou pedindo cinqüenta reais e, ao mesmo tempo, me mostrar um estudo de preços de mercado no qual a garrafa d'água mineral mais cara custa dois reais, com certeza não vou querer ficar como uma pessoa ilógica e irracional, pois a ninguém agrada ser tratado arbitrariamente. Assim, desmoronaria minha teimosia e deveria rever minha oferta, a não ser que quisesse ficar sem a venda (coisa que *não* quero) e com o epíteto de "ladrão" (que não me agradaria). No nível empresarial, é mais freqüente do que podemos supor que em diferentes negociações as partes bloqueiem o processo de debate principal com atitudes como as indicadas, *quase sempre questões com pagamentos a prazo*. Minha sugestão é provar como derrubar esse muro, esse monopólio, trazendo para discussão modelos reconhecidos do mercado que ajam como desistentes de posições rígidas e persistentes (por exemplo, outros pressupostos, opiniões de especialistas ou peritos, dados de outras transações, metodologia da competência etc.).

Lembremo-nos de que com uma proposta razoável, legítima, também teremos argumentos para respaldá-la. Pelo contrário, se continuarmos com posições fundadas simplesmente na intuição, na ambição exagerada ou nas pressões de nossos clientes, cairemos rapidamente em mãos de argumentos que terão como conteúdo a lógica e a eqüidade. Arrepender-se de ofertas ou demandas exageradas é muito desagradável, pois gera na outra parte a sensação de que alguém, na verdade, procurou fraudá-la.

Com respeito à legitimidade quanto ao seu aspecto subjetivo, terá a ver com nossa própria capacidade de negociadores fazer o que seja eticamente correto. Ter mecanismos e maneiras de negociar legítimos, que não se prestem a jogos sujos nem procurar convencer o adversário com más artes. O leque de possibilidades para melhorar o campo da boa fé é bastante amplo para que não devamos pensar como sair de situações-limites ou de pressão, recorrendo a jogadas desprovidas de conteúdo de legitimação.

Ser profissionais sensatos que se esforçam por obter acordos justos conseguidos eticamente será nosso objetivo para conseguir nosso padrão de legitimidade como negociadores.

Devemos negociar o caso em questão, mas sempre nos lembrando de que depois dele haverá muitos. Se formos lembrados como negociadores pouco confiáveis, arbitrários e injustos, começaremos muito mal as futuras negociações.

VERSATILIDADE

"O duro e o rígido pertencem ao mundo da morte. O suave e flexível, ao da vida. Por isso o exército muito poderoso não pode vencer e a árvore rígida é derrubada pelo vento."[19]

A versatilidade nos obrigará a abandonar um estilo pessoal de negociadores, quanto ao que se refere aos estilos que utilizaremos nos diferentes processos de negociação ou, neles, com respeito às circunstâncias que tivermos de transitar para obter nossos resultados. Assim, num mesmo processo, poderemos mostrar tantos estilos ou táticas como a eficiência na administração do conflito o indicar.

Embora se recomende que sejam reconhecidos como negociadores de boa fé, escrupulosos no que se refere à manutenção da palavra e ao respeito das boas maneiras, não será em absoluto recomendável que sejamos reconhecidos como a pessoa que sempre negocia do mesmo modo, com o mesmo estilo, com as mesmas manhas.

Por atuar com um estilo pessoal de negociadores, estaremos sempre à frente com facilidade. Por conseguinte, a versatilidade nos marcará como negociadores caracterizados por sermos imprevisíveis no bom sentido, ou seja, que nos moveremos como nos convir, com espontaneidade, com habilidade e no momento oportuno.

Para isso é imprescindível que se saiba dominar todas as técnicas representativas da maioria dos estilos de negociação, com o objetivo de pô-las em prática quando as circunstâncias o aconselharem.

---

[19] Do *Tao te Ching*, de Lao Tse.

Na maioria dos cursos ou seminários sobre negociação, uma das perguntas mais freqüentes é: *Que estilo seria o preferido para obter bons resultados? Ser prestativos, concorrentes, rudes...?* E a resposta é que talvez nos convenha ser tudo isso ao mesmo tempo num mesmo processo de negociação; ou ser de uma maneira numa negociação na qual intervenham negociadores acessíveis e razoáveis, na qual pudermos adotar um estilo de maior colaboração; enquanto possível, dependendo das circunstâncias, que na outra negociação nos possam observar sendo totalmente concorrentes na busca de nossos interesses.

Nesse sentido, devemos esquecer-nos do desejo de prolongar nosso modo particular de ser, nossa personalidade como negociadores, pois nos repetiremos permanentemente, perdendo espontaneidade, eficácia e flexibilidade diante dos diferentes sucessos. E devo deixar claro, mais uma vez, que me refiro aos estilos e não à reputação que tivermos como negociadores. Nesse sentido, ensina Sun Tzu:

"A perfeição dos movimentos simulados e as falsas aparências consistem em não deixar pistas nem rastros. Com base nas mudanças das condições do adversário, deverão aplicar-se flexivelmente as táticas para alcançar a vitória. Por isso, cada vez que se alcançar uma vitória, não se repetem as mesmas táticas, mas se devem transformar de acordo com a mudança das circunstâncias".

PLANEJAMENTO

"Aqueles que planejam, se preparam bem e contam com as condições adequadas, poderão triunfar. Aqueles que não dispuserem de planos, ou forem fracos, serão vencidos."[20]

---

[20] Sun Tzu. *A arte da guerra*, capítulo I, "Cálculos preliminares".

Tenho certeza de que na maioria dos casos em que as pessoas vão a uma negociação, não a planejam antes ou não o fazem com seriedade.

Mesmo em casos de importantes negociações entre corporações, vi os gerentes improvisando no táxi que os levava à reunião que papel teria cada um deles. Revisar rapidamente os papéis, imaginar que se vai responder se lhes fizerem alguma pergunta difícil, constitui, às vezes, toda a preocupação que têm.

O bom negociador deve planejar detalhadamente, com cuidado, não perdendo de vista a flexibilidade do processo que é eminentemente dinâmico. Deve preparar-se pessoalmente e, também, com seu grupo de trabalho, com responsabilidade, revisando os diferentes antecedentes e elementos que a negociação pode ter no seu andamento.

E por que não se planeja? Acredito que seja porque, habitualmente, as pessoas não sabem como poderiam ter um bom planejamento. É por isso que, no início, ao me referir ao negociador autodidata, dizia que se caracteriza por não ter um bom planejamento, o que o leva a se mover "às cegas". Revisando a maioria dos conceitos deste livro e a partir de uma negociação em particular, poderíamos propor um planejamento. Como exemplo, sugiro ao leitor que o prepare, sempre tendo em conta o seguinte:

• Obteve informações suficientes?

Conheça e estude as informações que tem, procure saber o que lhe falta; como fazer para obtê-la com o menor risco.

- **Determinar que importância terá o tempo para as duas partes**

Saiba com precisão em que segmentos do processo está o movimento (ver o elemento "Tempo", capítulo cinco).

- **Reconhecer a necessidade de propor um procedimento para a negociação, da qual constem as regras do jogo**

Essa sugestão inclui lugares de reunião, sua duração, permissão para falar (para se evitarem as interrupções e a queda dos debates), e tudo o que considerar necessário para a concretização do processo. Acordar primeiro esse assunto pode contribuir muito para estimular a confiança recíproca e diminuir a margem de confusão ou instabilidade própria de reuniões numerosas ou de assunto complexo.

- **Procurar trabalhar com hipóteses que lhe permitam desenvolver mais capacidade**

Por sua vez, determinar a maneira de reduzir o do seu adversário.

- **Fazer um rascunho da reunião (privado e pessoal)**

Através dele, poderá caracterizar a cada um dos participantes e registrar suas próprias avaliações do ocorrido, especificando quais suas falhas e pontos positivos como também as da outra parte. Revise-o antes e depois de cada encontro.

• Identificar seus objetivos

Muitas vezes, embora pareça mentira, não sabemos muito bem o que é que realmente queremos de uma negociação nem do oponente. Procure descobrir e analisar os objetivos da outra parte.

• Tentar buscar outras idéias ou opiniões

Revisou sua agenda? Sabe de alguém que o possa auxiliar?

• Dependendo da complexidade da negociação, podem-se elaborar gráficos em que se previna o conflito.

Com eles, procurar-se-á prever a conduta dos envolvidos.

• Nunca se esquecer de determinar com antecedência que atitude tomar se se encontrar numa situação difícil.

Por exemplo, postergar sua consideração, abandonar a reunião e ir embora com uma desculpa[21] etc.

---

[21] Planejar este aspecto nos será permitido, inclusive, determinar o lugar de reunião, pois se tivermos muitos pontos fracos pelos quais nos possam encurralar, será muito melhor escolher um âmbito no qual possamos retirar-nos com uma boa desculpa e assim aliviar uma pressão que não podemos controlar. A mesma situação mas em nosso próprio escritório nos colocaria entre a cruz e a calderinha, pois nem poderíamos retirar-nos de improviso, nem muito menos expulsar nossos convidados, sem passar por verdadeiros mal-educados.

- **Avaliar continuamente os efeitos futuros de cada acordo fechado. Escolher o melhor mecanismo para que os acordos sejam duradouros**[22]

Procurar a melhor maneira de ser mais bem aceito no ambiente **de trabalho**. Ajustando sua linguagem com a dos co-participantes, revestindo-os com um estilo que seja o normal no âmbito em que se desenvolve o processo de negociação. Não se deve querer chamar a atenção com frases altissonantes nem com comentários fora de lugar. Para isso se deverá conhecer *antes* o contexto da negociação.

Lembremo-nos que o processo de negociação é, como se sabe, um campo instável e dinâmico. Estar devidamente preparados e com um planejamento acorde nos facilitará a tarefa de construir argumentos para cada circunstância, deixando o segmento da imprevisibilidade (comum a toda negociação) numa escala mais atenuada possível.

Por isso, sempre digo que o planejamento é para a negociação o mesmo que o estado físico é para o competidor olímpico: se for ótimo, saberá que pode aspirar a competir com boas possibilidades; entretanto, se carece dele, saberá que deverá conformar-se com a derrota. E a derrota, no campo do conhecimento e das habilidades, é o que se deseja para os medíocres.

[22] Ver o capítulo deste livro "Que os acordos sejam duradouros".

6

ESTILOS DE NEGOCIAÇÃO

Agora abordaremos o assunto dos estilos no processo de negociação. Não só para reconhecer-nos em nosso próprio estilo e perceber que outros poderiam utilizá-lo de acordo com as circunstâncias, mas também para descobrir técnicas e astúcia de nossos adversários. E também, controlar adequadamente cada um dos estilos de negociação nos permitirá transformar-nos em hábeis negociadores, ao mudar no momento adequado todos os recursos.

O ESTILO COLABORADOR[23]

Trata-se de um estilo muito difundido pela escola de negociação de Harvard, onde o chamam de "método de negociação segundo princípios ou baseando-se nos méritos"[24], ou antes "O projeto de negociação de Harvard".

---

[23] A escola de negociação de Harvard fez um esforço desmedido para divulgar esse estilo e com muito bons resultados. Levando em conta que está suficientemente difundido mediante muito boa literatura (que na presente obra menciono e recomendo enfaticamente), só expressará uma resenha ou síntese.

[24] Ver *Sim, de acordo*, de Roger Fisher, Editorial Norma, p. 11.

Numa síntese bastante breve, ele tem a ver com a maneira de negociar onde se privilegiam as relações pessoais, a negociação por interesse (não baseada em posições) e o fato de sempre ter alternativas e opções.

Quanto ao que se refere às relações pessoais, a escola de Harvard ensina que a interação deve ser melhorada, tratando melhor as pessoas e separando as pessoas do problema ("ser duros com o problema e delicado com as pessoas"), estabelecendo boa comunicação e mantendo os compromissos, determinando com antecedência se poderão ser cumpridos.

Por outro lado, dá muita importância à MAAN (Melhor Alternativa para um Acordo Negociado), pelo qual o critério para aceitar um acordo é que ele seja mais conveniente em comparação com a melhor alternativa que não a negociação. Assim, sugere-se que se tenham tantas alternativas quanto possíveis para incrementar o poder de negociação.

Recomenda-se, também, dar muita importância às opções de benefício mútuo (mediante o exercício da "troca de idéias"[25]) para poder sair das situações-limite ou complicadas.

Os padrões deveriam sempre ser levados em conta para se conseguir legitimação nas possibilidades negociadas[26]. É aconselhável utilizar-se a legitimação como "espada" quando se tiver de avançar na tarefa de persuadir a outra parte com relação aos próprios objetivos, e de "escudo", quando tiver de defender-se dos ataques de argumentos injustos ou disparatados.

---

[25] "Tormenta de idéias" ou "Brain storming": exercício pelo qual diante de determinado problema se lançam tantas opções quantas seja possível (em princípio, sem se importar se são boas ou não) para de imediato dirimir qual é mais realista para se conseguir a solução.

[26] Todas as vantagens dos ensinamentos do Projeto de Negociação de Harvard onde podem ser vistas no já mencionado *Sim, de acordo*, e em *Supere o Não*, de William Ury, Editorial Norma.

Como negociar com negociador que deseja colaborar?

Reconhecendo que se trata de um método que, bem utilizado e encontrando o âmbito propício para sua utilização (coisa que infelizmente não acontece muito freqüentemente no mundo real), pode dar bons resultados. Minhas sugestões são as seguintes:

- **Aproveitar a inércia criativa que esse processo pode causar**, e contribuir para que todos os negociadores possam explorar a possibilidade de incrementar suas expectativas, incluídas, desde já, as suas próprias. Basicamente, mediante o exercício da "troca de idéias", na qual ao tentar superar dificuldades descobrirá a possibilidade de ficar numa situação ainda melhor do que a do início e sem prejudicar a ninguém.
- **Ter a oportunidade de negociar com quem tentar compreender os verdadeiros interesses da outra parte não é comum**, de modo que não procure levar as coisas em nível da competitividade ou a um jogo de resultado zero[27], pois prejudicará o cenário usual.
- **Lembrar-se que o negociador que procura colaborar não é um anjo que abrirá todo o seu jogo para favorecê-lo**; poderá ser muito duro em determinadas ocasiões, mas sempre será cortês com as pessoas.
- **Em negociações multipartidas**[28], o negociador pode ser um bom aliado para neutralizar opositores viscerais.

---

[27] Ver mais adiante "O estilo com competição".

[28] Negociação multipartida: é aquela na qual não há uma bipolaridade (pelo menos no início), mas da qual participam diversas partes com interesses diferentes. Assim poderá ver-se uma negociação com, por exemplo, quatro partes que representam quatro interesses diferentes.

- Cada vez que a negociação entrar em dificuldades, o negociador colaborador, para procurar evitá-las, lhe pedirá opções. Tenha preparada uma boa quantidade delas ou evite elaborá-las juntos. Uma vez que pode ter bons resultados.

O ESTILO COMPETITIVO

É o estilo que caracteriza os negociadores duros que procuram não dar atenção, de maneira nenhuma, aos interesses dos outros, enfatizando os próprios. É que, para eles, a oposição de personalidades e as disputas pelo poder têm muita importância, o que os motiva a desconfiar e querer dominar.

Muitas vezes, esse tipo de negociador terá de chamar a seus acordos "vitórias" e a olhar seus negociadores como inimigos a derrotar.

Seu método será o "jogo de resultado zero", pelo qual todo lucro será proporcional ao que percam os outros (ou seja, tudo o que ganhar será o que os outros perderam, sem procurar fazer com que o lucro seja para todas as partes).

Uma vez que tem a negociação como campo de luta, no qual haverá vencedores e vencidos, tratará todos os assuntos em termos de disputa ou confronto. Sempre verá que se encontram em jogo sua auto-estima e suas capacidades pessoais e/ou profissionais. Terá pouca assimilação de seus contratempos ("derrotas" em sua linguagem), o que gerará certa culpa e ressentimento. O ânimo de desforra não será estranho a seus sentimentos, pelo que serão eternos rivais se não tivermos deixado que se saiam com a sua em suas ousadas pretensões.

O negociador competidor busca sempre resultados a curto prazo; quer conseguir seus objetivos sem importar-se com os efeitos posteriores ou o futuro do contrato, do negócio ou da relação em jogo. Acredita que se existirem problemas posteriores não serão por sua culpa, mas por culpa da outra parte, das circunstâncias ou do destino.

Ao dar tamanha importância ao resultado e ao envolver em sua realização sua auto-estima particular, se verá permanentemente tentado a escolher métodos às vezes contrários às boas maneiras e às boas técnicas de negociação.

A pressão constante será uma de suas astúcias preferidas, e não vacilará em causar um desgosto se tiver de alcançar suas metas.

Como negociar com os negociadores competidores?

Basicamente, com muito cuidado. Eles não desejam negociar conosco, mas, antes, dominar-nos. De maneira que estarão sempre procurando nossos pontos fracos para nos vencer ou obrigar-nos a fazer concessões. Além disso, não lhes importarão muito nossos interesses. **Simplesmente nos verão como aquilo que é necessário sortear para obter a satisfação de suas necessidades.**

De maneira nenhuma se devem aceitar suas regras de jogo "ganhar/perder"[29], tampouco seus métodos para nos amedrontar: costumam agredir ou vociferar, tentando impor argumentos que de outra maneira não teriam maior peso. Diante de cada oportunidade em que formos maltratados, meu conselho é suspender a negociação tantas vezes quantas a desconsideração se repetir e, obviamente, procurando fazê-lo com as melhores maneiras. Isso enfatizará ainda mais a má educação do competidor e representa um bom mecanismo para saber que, com essas maneiras, se sinta bastante incômodo.

---

[29] O que alguém ganha é exatamente o que o outro perde. O oposto é a proposta do Projeto de Negociação de Harvard "win/win", no qual se busca o mecanismo para que os dois possam ganhar.

A fina ironia (*"Mas... por que vocifera? Se soubesse teria ficado em meu escritório, e de lá o ouviria de qualquer maneira"*) ou diretamente repreender em tom firme (*"Disse-lhe que não tolerarei agressões nem gritarias. Quando se acalmar e revir suas maneiras, voltaremos a encontrar-nos com prazer"*) podem ser bons exemplos de como evitar ser dominado, determinando-lhe seus limites.

Além das maneiras do negociador competidor, também devemos cuidar de seus fins. É bem possível que desejarão obter de nós mais do que merecem. Claro que não lhes importa muito que seu reclamo seja de modo a não o submeterem a um controle ético prévio. Serão convencidos do que lhe pedem e não deveremos apelar para a ingenuidade de propor-lhes que pensem, se lhes parecer, que suas pretensões são adequadas: deverá ter mais armas à mão; basicamente, comparações documentadas de valores de mercado, opiniões de peritos ou especialistas etc.

Se é importante ter alternativas, com esse tipo de negociador é ainda muito mais, pois nos livrará de sua voracidade. Minha sugestão é que se tivermos muitas alternativas, iguais ou semelhantes, desprezemos a que provém de um negociador competidor, pois é um tipo de pessoa que se se sentir frustrada com o acordo obtido, ou formos contra sua auto-estima, de imediato tratará de complicar as coisas, buscando desforra.

Não tenhamos dúvida! Negociar com ele é complicado. Estaremos sob pressão constante, pagaremos caro por nossos erros e sempre estaremos expostos a surpresas em nossa boa fé. Entretanto, os negociadores competidores são muito previsíveis, pois é mediante suas maneiras, suas pretensões e sua escassa empatia que revelam seu estilo muito rapidamente. Por isso sabemos exatamente a quem temos em frente e como armar uma boa estratégia de negociação com bastante antecedência.

O estilo competitivo no mundo das relações entre profissionais

Em reuniões de trabalho ou em casos em que devemos interagir com outros profissionais, costumamos perder de vista que o que na realidade fazemos é defender os interesses de nossos clientes, ou o das empresas que nos contratam. De maneira alguma devemos comparar-nos à idoneidade ou à excelência de outros colegas intervenientes ou competir com eles, como se o processo de negociação tratasse de uma desculpa para o confronto pessoal ou para demonstrar o quanto somos idôneos. Ou seja: não devemos atuar como presunçosos quando nossa missão é proceder e interagir de maneira estritamente profissional com executivos ou profissionais que têm tempo limitado e necessidades muito pontuais para escutar nossos currículos.

Infelizmente, essa atitude é muito freqüente e sofre o grave risco de que nós, os profissionais, percamos o controle da situação e dos objetivos que perseguimos. Lembro-me de um diálogo que ouvi há muitos anos entre os advogados de um casal que queria o divórcio judicialmente. Foi mais ou menos assim:

Advogado 1* (irascível)*:

— Lembro-lhe, doutor, que não deve dirigir-se a minha cliente. Deve falar comigo.

Advogado 2* (surpreso)*:

— Bom, todos estamos na mesma reunião. Você está ouvindo o que digo e...

Advogado 1* (quase aos gritos)*:

— Nada disso! Assim me desautoriza!

Advogado 2* (em tom moderado e com certa ironia)*:

— Bom, então, doutor, poderia transmitir a sua cliente *(ao lado)* que há a possibilidade de realizar uma venda escalonada dos bens para procurar melhorar o preço final?

Advogado 1 (sem sequer consultar sua cliente, que olhava para tudo aquilo, incrédula)*:*

— De maneira nenhuma, doutor! O senhor sabe que nós não desistiremos de nossa proposta, e se insistirem, reagiremos duramente com o regime de visitas!

Era evidente que o advogado 1 estava fazendo de duas uma: ou tentando ser "mais Papa do que o próprio Papa" na defesa de uma cliente a qual nem sequer consultara para saber seu critério; **ou, então, desafiando sem cessar seu colega, sem outro objetivo senão competir com ele, esquecendo-se totalmente de sua missão: conseguir a melhor solução para sua cliente**.

Casos como esse surgem muito freqüentemente nas sessões de negócios entre empresas importantes ou corporações nas quais é habitual a assistência de capacitados profissionais, com importantes títulos conseguidos nas melhores universidades e ótimos pós-graduados. Se a isso acrescentarmos que, além disso, devem interagir com seus chefes, obteremos um coquetel de dinamite. Veremos (não em todos os casos, claro) um grupo de feras presumidas e desesperadas para desautorizar seus colegas, competindo com mostras de erudição e frases sutis, procurando deslumbrar seus superiores mais com a degradação (exaltando à saciedade suas próprias condições), do que com a obtenção simples e clara do objetivo de seus empregadores na reunião.

De maneira que não se deve perder de foco que, com atitudes como as relatadas, **os profissionais colaborem mais com o problema do que com a solução**. E o que agrava ainda mais a situação: com essa atitude aumentam os ressentimentos pessoais. Os colegas passarão a ser adversários que não descobrirão razões para conseguir uma boa saída, pois mais do que acreditar que estão numa negociação, suporão tratar-se de uma luta. É que mais uma vez criado um ambiente como o exposto, será muito difícil lembrar que a proposta do outro é boa. Veremos nela (por mais razoável que seja) a possibilidade de que o outro brilhe, e o círculo vicioso será muito difícil de ser revertido.

O ESTILO DE ARTISTA OU VISCERAL

Por que de artista? Basicamente porque, em linhas gerais, esse tipo de negociação desempenha uma função que é produto de um esquema ou *script* ao centro do conflito, motivador da negociação. Na verdade, mais do que a negociação em particular, responde a questões psicológicas pessoais ou a uma adaptação problemática ao mundo da interdependência e respeito para com as pessoas ou interesses dos outros. Essas razões são mais do que suficientes para que eles, lançando mão do notável cenário que uma negociação pode oferecer, revelem interesses escusos (como aproveitar qualquer disputa para arriscar opiniões com respeito às questões pessoais de seus interlocutores negociadores) ou desmascarem seus propósitos (como aproveitar o contexto de negociação para satisfazer seus ânimos de manipulação com respeito à vida ou negócios dos outros).

Já falamos algo sobre isso. Na realidade, não são verdadeiros negociadores, pois se servirão da negociação apenas para canalizar seus ressentimentos ou motivações pessoais, subestimando resultados. Não há matéria negociada em si, pois para eles todo interesse passará para um segundo plano, contanto que leve adiante sua vocação de se mostrarem hostis e que tudo acabe numa disputa emotivo/passional. Esse estranho comportamento pode dever-se a qualquer das duas questões seguintes: a) Uma velha disputa pessoal com seu interlocutor ou, b) O negociador artista se encontra no processo apenas com o objetivo de conduzir as coisas ao fracasso e se vale de suas atitudes extemporâneas para acelerar esse desenlace.

Em sua obra *Tudo é negociável*[30], Herb Cohen fala do adversário visceral, que muito bem pode identificar-se com o estilo aqui descrito, dizendo que é o negociador que se opõe ao ponto de

---

[30] Op. cit.

vista da outra pessoa, não porque não se encontre de acordo com sua idéia, mas porque se encontra em desacordo com ela como tal (pelo simples fato "de estar viva").

As atitudes normais desse tipo de pessoa serão sempre manifestações altissonantes; continuamente qualificará os outros participantes com ofensas pessoais como, por exemplo, "o senhor é um mentiroso", "sua empresa é pouco séria", "sua forma de planejar as coisas nos conduzirá ao abismo" etc.

É indiscutível que, num estilo assim, se trabalhará permanentemente num clima difícil ou de mal-estar. Por conseguinte, nesse tipo de negociação, é freqüente entrar-se em fortes contendas, que sempre porão em risco as pessoas envolvidas.

Esse tipo de episódio é muito habitual também nas questões das famílias que costumam envolver bom número de membros no tratamento de seus problemas domésticos. Com efeito, não são poucas as famílias que, por tradição ou simplesmente por tratar-se de um grupo que tem esse costume, colocam a consideração todos os conflitos de qualquer natureza, sobretudo para sentir-se apoiados ou porque, supõem, o problema deve ser conhecido pelo "*pater familias*"[31] ou o líder emblemático do clã familiar. Nem sempre essa função é desempenhada por chefes de família que são esposos, pais ou avós (em uso das tradições familiares mais ligadas a nossa cultura), mas pode encontrar-se na cabeça de "governantas domésticas" de caráter bastante decidido nesse tipo de questões e comuns nos matriarcados existentes em outras culturas. Assim é a realidade: sempre haverá um pai, uma sogra ou qualquer familiar que pode constituir-se opositor de quem cair em desgraça, pelo único fato de que se torna desagradável como

[31] "Pater familias" é uma figura de liderança das antigas instituições romanas. Tinha o controle dos assuntos de família e podia ser o chefe do clã familiar de que se tratara. De geração em geração foram sendo imitados esses modelos até chegar a estilos como o do célebre filme *El Padrino*, em cuja saga o papel do qual falamos é herdado pelo filho mais forte, interpretado por Al Pacino.

ser humano. Genros ou noras (que, por virem de outras famílias, nesta cultura nunca chegarão a ser aceitos), filhos de caráter pusilânime, mulheres em grupos "machistas" e anciãos são alvos perfeitos dessa idiossincrasia que pode levar ao sofrimento quem for desconsiderado.

Para exemplificar o alto grau de conflito que esse estilo pode chegar a produzir, lembro-me do caso de um jovem casal que, em sua ingenuidade, consultava os pais sobre todos os seus passos. Cada um dos passos era como uma espécie de baliza em seu processo de maturidade como família e, na verdade, não tinha nada de mal, pois se tratava das coisas que todos fazemos, como querer progredir, realizar uma bonita viagem, trocar de carro, mudar-se para uma casa melhor etc. Mas, lamentavelmente, naquele plano de vida, o casal encontrou-se com adversários globais (ou, concordo com Cohen, viscerais), que desconsideravam ou desqualificavam a cada momento o que, para eles, outra coisa não era senão o caminho que construíam para consolidar-se na vida. Em tudo descobriam o aspecto negativo e procuravam mesmo desqualificações pessoais, tachando-os de "imaturos" e "sonhadores", ou argumentando que não tinham "os pés no chão". Assim neutralizavam os projetos sadios de um casal que não tinha nada de irresponsável, salvo o fato de querer prosperar na vida. Claro, tanta oposição, que não era outra coisa senão a desculpa para poder controlar a vida do jovem casal, terminou criando-lhe problemas. Não sabendo como libertar-se ou como administrar essa questão, o estilo de oposição visceral acabou por atrapalhá-lo, produzindo o desgaste lógico que uma oposição arbitrária pode causar a pessoas sem educação nesse tipo de conflitos domésticos. Lamentavelmente, a "oposição visceral" triunfou nesse caso e hoje o bom casal se separou. Exemplos como o citado talvez não sejam raros em determinadas famílias. E não saber como resolvê-los, infelizmente, também não.

No meio empresarial, esses opositores têm inimigos por todos os lados, considerando que, como dissemos, eles costumam agravar e desqualificar em público, gerando grandes antipatias no mundo dos negócios. E uma vez que não nos estamos referindo ao negociador que excepcionalmente possa chegar a ter uma atitude como a descrita, mas àquele que assume esse estilo de maneira habitual e sistemática.

"O altercante"

Uma subclasse do estilo do artista ou visceral que estamos considerando é o negociador "altercante". Todos nos encontramos um dia com esse personagem. É sempre contrário, seja adversário, amigo ou familiar, em negociações, conversações ou reuniões. Basta que alguém ataque seu argumento, para que o altercador se valha de qualquer elucubração (mesmo a mais insólita) com o objetivo de ser contra seu opositor. Escolherá qualquer palavra, conceito ou erro circunstancial de seu interlocutor, para fazê-los valer em seu detrimento. Cheguei inclusive a convencer-me de que ao altercador *não resta outro objetivo senão discordar.*

Entre suas qualidades, uma será a capacidade especial para ver **o aspecto negativo** de qualquer questão que se esteja propiciando, **o risco** de qualquer atividade que se esteja propondo e a **dificuldade** daquilo que se executará. Fazer oposição e só oposição, para o altercador, será a premissa fundamental. Por isso, posso garantir que o "altercador" pode transformar qualquer negociação (ou qualquer reunião de qualquer organização) numa aguda dor de cabeça.

Tinha-se a impressão de que, durante o processo de negociação, essas pessoas não desejavam chegar a acordo algum. Mas se, como conseqüência de nossa perícia, finalmente acontecer o aperto de mãos, sempre o farão de mau humor e serão os primeiros que nos chamam a atenção quando surgirem as primeiras dificuldades: *"Eu já tinha previsto"*, *"Eu já tinha dito e não me escutaram"*, nos dirá sem pestanejar. Claro que, contra o altercador não poderá nenhum cenário negativo, nenhuma má conseqüência, nenhum efeito não desejado, pois durante o confronto de idéias, enquanto as pessoas quebravam a cabeça para encontrar caminhos criativos, eles se esqueciam totalmente do fato de gerar e construir, e se dedicavam totalmente a ver as dificuldades e os inconvenientes dos argumentos realizados ou das saídas propostas.

Outro aspecto que pode ser analisado nas características desse estilo e que, por infelicidade, caracteriza também vários dos outros negociadores que apresento neste capítulo **é o pessimismo**. Não existe nada que atrapalhe mais a vida dos negócios ou o processo de negociação do que o imobilismo e o mau humor que, como atitude, se desprendem do pessimista.

Sabe-se que esses indivíduos bloquearão qualquer tipo de iniciativa, encherão a negociação com obscuros prognósticos e cálculos de falta de sorte. Observarão, em toda manifestação, atos de má gestão ou algo para criticar. Definitivamente são os "*profetas do fracasso*", com atitudes que realmente podem arrepiar os cabelos a quem pretender ver "o copo pela metade".

Para mim, em nosso país, há uma tendência para essa atitude, lamentavelmente estimulada pela "síndrome de crise"; ou seja, cada vez que atravessamos uma má fase econômica, social ou política, nos pomos a dizer disparates contra os governantes de plantão (também os do passado), contra o país em geral, menosprezando-o ("este país não tem solução"), vai tudo muito, mas muito mal ("nunca estivemos em pior situação") e, como tampouco nos dá por ter esperança, também criticamos os futuros governantes ("os políticos são todos iguais"). Sem considerar se as causas do pessimismo podem ser razoáveis, o que é evidente é nossa atitude negativa, pois, **no meio de tantas lamúrias, não investimos, não compramos, não pagamos, não viajamos, não fazemos negócios e transferimos nosso estado particular de humor a todos os nossos atos, enchendo-nos de frustrações ou falta de desejo. De tudo isso não está livre a negociação, da**

qual nos esquecemos totalmente; embora não confiemos em nós, podemos ser excelentes e eficientíssimos negociadores, pois temos capacidade profissional, boa intuição e ótimo poder de improvisação.

Por isso, se desde agora posso fazer alguma sugestão, é a seguinte: nunca deixemos que o pessimismo nos invada durante uma negociação. Se estamos num cenário realmente desastroso, a depressão própria desta atitude nos absorverá por essas circunstâncias, a ponto de nos tornarmos um elemento a mais das "más notícias".

Não pensemos que a negociação é um processo de mudança, e consideremos que, no dizer dos orientais, se a realidade da vida ou da negociação desemboca numa crise, também nos está dando uma oportunidade.

Como negociar com os negociadores artistas?

Se toparmos com alguém que se enquadra nessa descrição, a primeira coisa que temos de saber é que será muito difícil (senão impossível) chegar a um acordo com eles (pelo menos de modo civilizado, pois se aceitarmos suas ofensas ou seus pedidos sem mais nem menos, será um acordo imposto, não negociado!

Por isso, meu primeiro conselho é que se você não descobriu a maneira de neutralizar o negociador artista mediante alianças com outros negociadores, o que mais convém é desfazer-se rapidamente desse processo, propondo mudança de negociadores ou dirigir-se de imediato à sua melhor alternativa.

Meu segundo conselho é evitar transformar-nos em negociadores artistas, porque este estilo tem um muito poderoso "efeito contágio". Mas se por alguma circunstância cairmos nesse erro, **devemos ter a frieza bastante e capacidade profissional para procurar um apoio** e deixar o lugar para outro colega; pois percebemos que, sob a influência emocional de uma má lembrança ou de uma má experiência, dificilmente podemos fazer bem as coisas. Além disso, é lógico, sendo êmulos de opositores viscerais/altercadores, teremos todas as chances de perder diante dos "moldes originais".

Se nos encontrarmos com "profetas do fracasso", deixemos que falem, que exponham todo seu pessimismo e depois, com muita paciência (como quando nossa avó nos pedia que tomássemos a sopa), procuremos colocá-los diante da inevitável realidade de que uma postura em extremo e sistematicamente pessimista é absolutamente irracional, nos imobiliza e eleva, é contagiosa. Se nos interessar, examinemos juntos as causas do pessimismo, procurando ver que muito provavelmente nos estejamos afogando num copo d'água; que a maioria das vezes, as coisas não vão tão mal; que as pessoas não representam o demônio e que os negócios estão para ser feitos ou para que saiam mal, algo tão normal como a certeza de que um dia vamos morrer.

E sempre nos lembremos: nunca haverá de qualificá-los de pessimistas ou dizer-lhes que estão equivocados, porque nos dirão que essa atitude é a indicada pela gravidade das circunstâncias "ou você não lê os jornais, as revistas ou o que dizem na televisão".

No aconchego da família, o assunto é mais complexo ainda, pois por razões de vínculos biológicos ou parentescos deverá continuar convivendo com os "opositores viscerais". Dada esta característica, a sugestão anterior não é válida em sua totalidade. Assim, deverá recorrer a um bom sistema de alianças com outros membros da família, mas não para vencer ou algo parecido, mas para encontrar a maneira de convencer em família a quem não sustém sua atitude de oposição mediante o agravo ou o mau trato. Se essa tentativa for impossível, deverá consultar-se um bom terapeuta e inclusive tentar descobrir, através da psicologia, o motivo pelo qual um ser humano pode opor-se sistemática e constantemente (patologicamente) ao outro.

O ESTILO BRANDO

Eu os chamo de "**os receptadores**", pois para não entrar numa discussão, respondem sim a tudo. Esse estilo observa-se em geral na pessoa que, habitualmente, evita o conflito, dando a impressão de que sente pânico se entrar em situações conflituosas por medo de arruinar relações pessoais, profissionais ou de trabalho, se mediante uma discussão ou negociação tiveram de defender o que lhes pertence. Pode deduzir-se então que suas causas estão estreitamente ligadas a aspectos psicológicos como a insegurança, pouca auto-estima ou complexo de inferioridade, os quais se manifestam por medo à falência ou à inabilidade profissional para desenvolver-se no processo de negociação.

Conforme esses raciocínios, o "negociador com brandura" estará habituado a realizar concessões, contanto que não deteriore as coisas por ele consideradas mais importantes do que os interesses estritamente envolvidos em cada negociação em particular, embora isso gere, definitivamente, insatisfação ou frustração.

E se evitar o conflito, mediante a cessão ou a renúncia permanente, gera no negociador brando sentimento de frustração, é porque ele sabe muito bem que está submetido a uma circunstância que lhe causa desagrado ou desconformidade. Não pode ser de outra maneira, uma vez que por sua própria iniciativa ou por ser submetido por outra pessoa de caráter dominador, está mergulhado numa situação de injustiça ou de mal-estar.

Mas, paradoxalmente, essa situação de insatisfação que se apodera do negociador que a tudo cede, será precisamente aquela que em muitos casos arruinará a relação na qual se tiver produzido a negociação, pois o sentimento de estar sofrendo uma injustiça (embora em forma auto-introjetada) terminará por explodir mais cedo ou mais tarde. Assim, quando apenas pelo fato de querer fugir da confrontação tiver dito a tudo que sim, chegando a um acordo para ele desagradável, aqueles "sins" terão amplas possibilidades de ser falsos ou relativos. Logo, é provável que o negociador brando "fuja do campo de batalha" no momento menos oportuno e, habitualmente, de maneira inesperada ou intempestiva.

Esposas submissas diante dos maridos autoritários, empregados obedientes aos reclamos arbitrários de seus chefes, negociadores timoratos que não persistem em seus justos reclamos e toda sorte de executivos de empresas multinacionais atemorizadas pelos "sabe-tudo" dos "*head quarters*"[32] que os maltratam como súditos, são casos típicos da conduta descrita. Não obstante, uma última consideração: os negociadores brandos poderão transformar-se em potenciais "bombas-relógio" que, cansados de tanto ceder, reagirão (talvez) inconvenientemente.

"O admirador"

Como subclasse do estilo brando, temos as pessoas que se caracterizam por certa propensão a aceitar excessos ou determinadas imposições dos outros negociadores, não por uma questão de natureza pessoal ou psicológica, como acontece com os "receptadores", mas por uma razão cultural: excessivo respeito às corporações, idiossincrasia, poder ou capacidade/talento de certos negociadores estrangeiros dos Estados Unidos ou determinados países da Europa.

Formados em âmbitos puros que fizeram da admiração dos profissionais daquelas potências ou os indissimuláveis recursos de suas empresas uma questão de culto, "os admiradores" sentirão que tudo o que provier dessas latitudes será melhor ou mais bem virtuoso, embora estejam com condutas pouco prolixas ou diretamente diante de medíocres. Ou seja, sempre sentirão que não podem opor-se ao poder ou logística ostentada pelo outro nego-

---

[32] "Head quarters", matriz de corporações que têm escritórios ou empresas no estrangeiro.

ciador[33]. Como o resultado de semelhante prejuízo, os admiradores sentirão uma sorte de temor reverente para com os negociadores que reúnem os requisitos anteriormente citados e suas exteriorizações podem ser perfeitamente assimiláveis à dos receptores. Essa atitude também eu a percebi em profissionais ou cidadãos que devem confrontar-se com grandes eruditos (secretárias de advogados ou consultores) ou empresas de grande porte, na pressuposição de que nada se poderá fazer frente a tamanho poder e tantos recursos.

Como negociar com negociadores brandos?

Pelo exposto, deveremos ser muito cuidadosos em acreditar que com os negociadores brandos sempre alcançaremos benefícios e que, por isso, seremos mais capazes ou mais hábeis. Se interessam-nos a integridade e a dignidade das pessoas, mas também ter nas mãos acordos previsíveis e duradouros, teremos de defender seus interesses, procurando não transformar-nos em vassalos, ainda que nos dêem ocasião.

Devemos saber também quais são seus interesses; talvez, com pouco esforço, possamos conformá-los. Se assim não for, convém buscar uma maneira de obter acordos justos, pois os negociadores — em princípio — não se preocuparão com isso (embora depois nos façam uma proposta ou uma censura).

---

[33] É curioso observar com que facilidade certos setores da comunidade tendem a aceitar linhas, critérios, quando não princípios de nítido traço cultural, com a única exigência de que venham dos países que podem denominar-se "potências" Sem que isso importe abrir um debate acerca da inegável maturidade e profissionalismo que esses países podem tentar em muitas questões, entre elas as de negócios ou empresas, sua aceitação singela e simples ou uma administração mal entendida podem chegar a conformar o coquetel ideal para que aceitemos dos negociadores dos estados ou companhias "potência" mais do que eles próprios tivessem imaginado.

Deve-se procurar entender que para eles o conflito gerado pelo fato de buscar o que por direito lhes pertence é um assunto totalmente atemorizador; portanto, deveremos proceder com cautela ao transferir nossas pretensões e ao indagar o que esperam de nós, pois quase sempre serão descuidados pelo menos a expressá-lo por medo de que se gerem problemas.

Minha grande sugestão nesse assunto é não aproveitar-nos de todas essas circunstâncias. Não só porque humanamente é reprovável, mas também porque, com o passar do tempo, essa situação se voltará contra nós. **Ninguém deseja cumprir acordos arbitrários ou injustos eternamente. Nem mesmo os que estiverem com medo de nossa habilidade, poder dominador ou presença.**

O ESTILO FIEL

Cuidado com o "negociador fiel"!

Será sagaz, versátil, imprevisível, hábil, intuitivo[34] e saberá muito bem como se comportar para conseguir seus objetivos! É claro que ele nos avaliará muito bem e o mesmo fará no processo de negociação, o assunto negociado e todos os participantes. Sabendo exatamente quais os seus interesses, procurará descobrir os nossos e buscará com habilidade o atalho para conseguir seu objetivo. Para isso, utilizará, segundo as circunstâncias e conveniências, o estilo apropriado para atingir suas metas: ele será

---

[34] "Intuitivo" é um adjetivo que geralmente em nossa cultura é utilizado de modo pejorativo. Por exemplo, quando nos perguntam se uma pessoa é inteligente e, para não ser deseducado, respondemos que na realidade a pessoa é "intuitiva", querendo dizer que, ocasionalmente, teve um pouco de sorte. Mas, para mim, ser intuitivo é uma grande vantagem, porque é a soma oportuna de inteligência com presteza e decisão. Isso porque o intuitivo compreende logo, não continua no puro pensamento, mas que oportunamente decide fazer ou não fazer, segundo lhe convenha.

delicado e complacente quando você duvidar por ceder ou não, procurando não irritá-lo; será colaborador quando você manifestar confiança e uma atitude aberta; será duro se tiver avançado o suficiente sem que seus co-participantes o hajam ouvido. Fará respeitar-se com firmeza, se alguém quiser molestá-lo; será delicado e cederá se com isso conseguir algo melhor no futuro; e poderá ser tudo isso ao mesmo tempo, num mesmo processo de negociação segundo lhe aconselhe seu bom tino!

Estamos falando do negociador que, em seu emprego, em sua família ou em qualquer cenário em que se discuta algo, sempre se sairá bem. Será agradável e simpático, mas nem por isso muito amigo de quem tiver o que julga pertencer-lhe. Poucos serão os que poderão tê-lo como negociador, apenas darão antecedentes vagos ou ambíguos que não ajudarão muito seus futuros adversários. Quando começarmos uma reunião com ele, não saberemos exatamente com que estilo de negociador estaremos negociando, tampouco quando poderá chegar a mudar, dependendo dos comentários da negociação. Por tudo isso, "o negociador fiel" (como também pode ser chamado) terá sempre em mão o instrumento mais eficaz para conseguir seus objetivos ou os de seus clientes, e deveremos ficar bem atentos quando tivermos de negociar com ele.

Como negociar com "o negociador fiel"?

Afirmar que esse estilo seja conveniente para conseguir os próprios objetivos não quer dizer em absoluto que esse tipo de negociador não permita que os outros cheguem a um bom e conveniente acordo. É claro que é muito inteligente e saberá muito bem que não poderá obter o melhor acordo, deixando as pessoas sem saber o que fazer. Tampouco que os acordos poderão sustentar-se nessas condições.

Então, será muito bom ser um "negociador fiel" ou ter a

possibilidade de negociar com ele. Neste último caso, quando estivermos na "vanguarda", devemos cuidar para não cair em suas manhas, pois agrada-lhe indagar sobre os limites e jogar com eles, buscando pressionar em busca de algo mais. Não obstante, nunca empregará ardis para enganar-nos. Será um negociador de palavra e de honra e poderemos confiar em suas promessas. Eu digo sempre: **"o negociador fiel" é aquele que te perturba, te pressiona, mas não te engana.**

Se estivermos a sua frente, movamo-nos: estando prontos, poderemos ter tantas facetas quanto ele e aproveitaremos de sua energia para nos beneficiar; uma vez que ele, com habilidade, mas também com prudência e equanimidade, abrirá (talvez sem perceber) caminhos para nossos objetivos. *Então, proponho que procuremos obter energia*, na qual a soma será maior do que as partes que a integram. Com prudência e muita preparação, podemos consegui-lo e transformar-nos em bons sócios dos "amigos fiéis", que, enquanto buscam sem quartel sua conveniência, procurarão deixar-nos a porta aberta para obtermos nossos próprios objetivos.

7

NEGOCIAÇÕES MULTIPARTIDAS

As negociações multipartidas são as que, no começo, estão dominadas por pessoas diferentes com diferentes interesses. E disse "no começo" porque, devido ao sistema de alianças ou de acordo de interesses, muitas vezes esse tipo de negociação acaba sendo bipartido.

Em geral, as negociações com multiplicidade de partes e de interesses são as mais complexas. As dificuldades começam desde o princípio, pois numa reunião estão vários interessados com o desejo de impor seu ponto de vista, numa mudança mais ou menos anárquica, dado que, na maioria dos casos, existe um procedimento de consenso. Quanto ao mais, muitas vezes nem sequer os envolvidos sabem com certeza quem são os outros negociadores, a quem representam, e quais são seus objetivos.

Por isso, **a primeira coisa é prevenir o caos**: se ninguém o propôs, colocar em discussão a possibilidade de manejar-se com certas normas e repassar o rol de assuntos a considerar (muitas vezes, algum desprevenido ou mal informado tomará conhecimento de algum deles justamente nesse momento). Nesse tipo de reunião, freqüentemente haverá uma longa lista de questões a resolver, as quais terão diferentes graus de dificuldade. Sempre surgirá a dúvida com relação à qual delas começar e, posso garantir que, em quase todas as ocasiões, se começa pelas mais fáceis. Meu conselho (de ser factível) é exatamente o contrário: escolher a princípio as disputas mais complexas, pois sempre existe o fato de que, com o transcurso das negociações, as relações estejam entrando em um desgaste pouco propício para resolver as situações mais comprometidas até o final. O ar fresco, o estímulo que sempre gera ao entrar em negociações criam inevitavelmente um cenário que facilita e se torna mais confortável tentar dar curso positivo aos aspectos difíceis dos problemas.

Entretanto, devo ser honesto e dizer que, em várias oportunidades, vários colegas meus tentaram convencer-me do contrário com diferentes pontos de vista, todos muito razoáveis. Basicamente opinam que tratar dos assuntos "fáceis" no começo é bastante animador, pois são os em que se obterão acordos de modo mais simples ou não tão complicados. Aparentemente, o fato de conseguir esses acordos parciais fortaleceria a confiança recíproca entre os diferentes negociadores, como também tiraria motivos aos espertalhões de tentar quebrar a negociação, pois sempre é difícil quebrar acordos com respeito aos assuntos já acertados.

Bem, já sabemos que é importante organizar bem as reuniões, conhecer todos os assuntos que serão tratados (seria conveniente realizar um ensaio com todos eles e subscrevê-lo, para impedir que se incluam depois, pois isso pode produzir atritos desnecessários no meio da negociação) e quais desses assuntos serão tratados primeiro e quais depois. Feito isso, será a vez de tornar-nos fortes. Vejamos como.

Negociar nesse tipo de reuniões (com múltiplas partes e múltiplos interesses), representando um interesse isolado, incrementará nossas possibilidades de fracasso. Por não ter a atenção dos interesses fortes, seremos relegados na consideração de nossos problemas. O exposto nos fará sentir fracos e com sentimento de frustração. Então, e para evitar más conseqüências, devemos começar por observar nossos interlocutores e analisar o seguinte: em todas as reuniões multipartidas e multidisciplinares é freqüente existirem, entre os envolvidos, **interesses opostos, interesses concordantes e interesses indiferentes.**

Os interesses **opostos** são aqueles com os quais não estamos de acordo em absoluto, motivo de muitas discussões e sobre os quais, talvez, não haverá jamais uma opinião comum. Os **concordantes** abarcam aqueles sobre os quais existe acordo ou sobre os quais podemos sentir simpatia ou intenção de que exista um acordo de dar-se certas condições básicas. E, por último, os **indiferentes** são os interesses cuja existência não nos molestará, pois para nós serão neutros ou inócuos. Se assim for, ***será a hora de começar a pensar na realização das alianças***.

• AS ALIANÇAS

Encontramo-nos já numa negociação multipartida e temos visto que teremos em frente certos negociadores, com os quais simpatizamos porque têm interesses aos quais, preliminarmente, poderíamos qualificar como concordantes, parecidos ou indiferentes (porque podemos obtê-los mutuamente favorecendo-nos a ambos; ou porque se os obtêm, um não prejudica o outro). **Então devemos contemplar a possibilidade de considerá-los como candidatos a sócios**. E para isso haverá de sondá-los na base de uma proposta: o que será bom para eles, também será bom para nós, portanto, podemos avançar juntos.

Qual o mecanismo para levar à prática uma aliança numa negociação multipartida?

O primeiro passo é negociar o projeto de aliança com os candidatos a sócios antes de participar da negociação geral na presença de todos. É totalmente contraproducente participar dessas reuniões (da negociação principal) estando em negociações preliminares com eventuais sócios, pois se se fizer a aliança, deveremos atuar na negociação principal, baseando-nos num novo planejamento que ainda não está acordado; e se, finalmente, não se fizer a aliança, o cuidado de ferir susceptibilidades, com o objetivo de não penalizar uma sociedade incipiente, far-nos-á cair (durante a negociação principal) no perigo de nos defender diante deles e diante dos outros.

Nas negociações prévias com nossos futuros aliados, deveremos procurar convencê-los de que juntos poderemos obter mais quantidade e qualidade de objetivos dos que se isolados. E, para isso, é conveniente que fique bem claro desde o começo que assim todos sairemos ganhando, definindo satisfatoriamente os aspectos positivos da aliança. Uma sugestão é partir da seguinte base:

- Estimulá-los a que se sintam confiantes, propondo-nos subscrever acordos confidenciais.
- Procurando propor algum mecanismo pelo qual se evitará a obstrução para alcançar os interesses que compartilhamos.

Com relação ao primeiro item, a existência da confiança é fundamental, porque haverá de aperfeiçoar todo tipo de insegurança sobre o regime dessa associação. Deve considerar-se que este primeiro acordo começa com uma sinceridade muito profunda, a qual significa deixar a descoberto parte de nossos verdadeiros interesses. Será uma parte difícil de superar e à qual haverão de adicionar-se ações concretas para que haja convencimento recíproco da lealdade necessária para seguir adiante.

Se assim for, deve existir uma base de acordo a respeito do que faremos com aqueles interesses que não compartilhamos, pois com certeza sobre eles seremos confrontados. Se não acordar ou deixar em silêncio esse aspecto espinhoso da futura relação entre aliados, deixar-se-á entregue à sorte seu futuro, pois os assuntos espinhosos não tardarão a aparecer e a execução inesperada de condutas não acordadas gerará a lógica reação de quem se considerar enganado em sua boa fé.

Proponho, a seguir, algumas sugestões para procurar resolver essa questão, com certeza uma das mais difíceis de evitar na construção de uma aliança:

- Consigamos (se possível) uma lista dos assuntos sobre os quais não estivermos de acordo, mas sobre os quais tampouco faremos cessão alguma que envolva nossos interesses, conservando uma atitude do deixar fazer, embora sem oposição.
- A seguir, tentemos fazer outra lista dos assuntos com os quais também estaremos de acordo, mas perante os quais deveremos ceder ou apoiar frente aos opositores circunstanciais, como concessão à ajuda recíproca que deles esperarmos para a consecução de outros interesses estratégicos[35].
- Enfim, estamos com os aspectos sobre os quais não nos restará outro remédio senão enfrentar. O desafio aqui é descobrir a fórmula para que, se não houver acordo, não seja cancelada a aliança estratégica na negociação. O acima exposto representa, com certeza, toda uma dificuldade; pois muitas vezes os diversos interesses devem ser entrelaçados, vinculados muito especialmente uns com os outros, de maneira que a falta de produção de um torne impossível a produção de outro ou que o mesmo não tenha importância no objetivo final[36].

---

[35] Será demais ressaltar que procuraremos incluir nessas duas últimas listas (assuntos aos quais nos oporemos mas não nos comprometemos a deixar fazer e assuntos aos quais nos opomos mas diante dos quais nos entregamos) a maior quantidade de interesses indiferentes, fazendo crer os nossos aliados que, na realidade, são interesses caros a nossos objetivos. Assim, poderemos conseguir mais força de negociação para quando acordar com relação aos objetivos cuja ajuda para sua consecução seja mais difícil de conseguir.

[36] Permitir que fiquem ligadas essas questões é muitíssimo difícil pela seguinte razão: nem sempre se encontra o caminho para resolver o dilema de descobrir a maneira de permitir serem isolados os interesses, cuja falta irremediável de acordo não altere, definitivamente, a produção de outros interesses conjuntos ou recíprocos.

Entretanto, superar as dificuldades terá seus frutos. É muito diferente negociar frente a nossos opositores totais, unidos estrategicamente a outros interesses. Seremos vistos como coligação e sempre haverá a possibilidade de que nossos adversários comuns devam solicitar algo, criando-se imprevisivelmente um crédito que poderemos usar depois. Atuar mancomunados com respeito a certa quantidade de assuntos produzirá o seguinte efeito: fazer que nos sintamos mais seguros e fortes. Os outros interessados no processo de negociação nos darão maior atenção e deverão fazer maiores concessões.

É necessária uma ressalva: devemos levar em conta que o custo do benefício de atuar em aliança não é gratuito, pois já o teremos pago com a quantia de concessões feitas por nós, a fim de manter, precisamente, essa aliança. Deixo aqui minhas recomendações: com nossos futuros aliados devemos negociar em princípio **com a maior firmeza possível** (logicamente procurando ultrapassar o limite do rompimento), tanto para conseguir o respaldo de nossos interesses, como na cessão dos que precisarem para conseguir os seus. Devemos procurar não ceder tudo já de início, para assim guardarmos certa margem de flexibilidade a ser administrada no futuro, ou seja, quando estivermos na época de discussão dos assuntos na negociação geral. É fácil lembrar as graves dificuldades nas quais nos veremos se a essas reuniões principais vamos sem nada ter a ceder porque já cedemos tudo (a nossos sócios) com a finalidade de obter sua aliança.

A confidencialidade de nosso acordo com os aliados e a lealdade recíproca, depois de todos os engodos usuais em nossa negociação privada, são absolutamente fundamentais para a viabilidade da coligação. Falhar nesse ponto é ter, imediatamente, uma grande dor de cabeça. Tenham certeza de que não existirá, nessa negociação, alguém mais sem rumo do que um ex-aliado traído em sua boa fé.

• Criar uma aliança, dividindo uma coligação, pode ser um grande erro

Muitas vezes pensamos que fazer uma aliança tática com uma parte ou setor de uma forte coligação corporativa, que nos queira fazer mal, acabará sendo benefício para nossos futuros interesses, porque como resultado disso os dividimos ou partimos em dois: segundo o velho ensinamento "dividir para reinar".

Entretanto, nesses casos, muitas vezes se pode comprovar que, por melhor que tenhamos feito as coisas, obedecendo à arte e à técnica da construção de alianças, nossos objetivos terminam caindo por terra. E isso acontece porque cometemos **um grave erro de cálculo estratégico na consideração inicial da suposta bondade da associação**.

A falência gerada no caso em análise acontecerá quando, numa determinada disputa, se tentar satisfazer o próprio interesse mediante a associação com um setor integrante da parte contrária. Ocorre que o outro setor, ao qual se tenta dividir, será uma corporação ou grupo que:

A. Continuará existindo, transcendendo a negociação circunstancial na qual se encontra e;

B. Terá, por natureza e na maioria dos casos, interesses contrários a quem tentar a aliança, pois essa postura constitui a própria essência de sua existência. Tanto assim é que, em caso contrário, ambas as partes (quem tentar a divisão mediante a associação em análise e o grupo contrário) não teriam razão de existir como entidades separadas.

Vejamos mais especificamente o que se procura demonstrar.

Suponhamos que um setor A (grupo que inicia as ações para uma aliança) esteja em negociações difíceis com outro setor que lhe é contrário, denominado letra B. Para realizar seus interesses, o setor A decide quebrar o setor B, tentando uma aliança com uma parte deste último (que chamaremos C). A aliança poderá ser clara ou oculta e poderá ter como objetivo obter a satisfação de um interesse conjuntural de ambos ou de A somente.

Como resultado dessa associação (a de A com C), o setor B fica dividido em dois (D e C). Mas, segundo o que se disse anteriormente, a parte C ficará absorvida ou ligada ao setor A, pois a própria essência de sua existência é ser contrário às políticas ou ações de A, pelo qual se transforma num "aliado circunstancial", continuando no campo contrário. Assim, o mapa do conflito ficará desenhado com um grupo representado por A e outro grupo (contrário) dividido agora em dois: D e C.

Gráfico 9: Antes da aliança

• *Vemos que, originalmente, "A" e "B" estão negociando em lados totalmente opostos.*

Gráfico 10: Depois da aliança

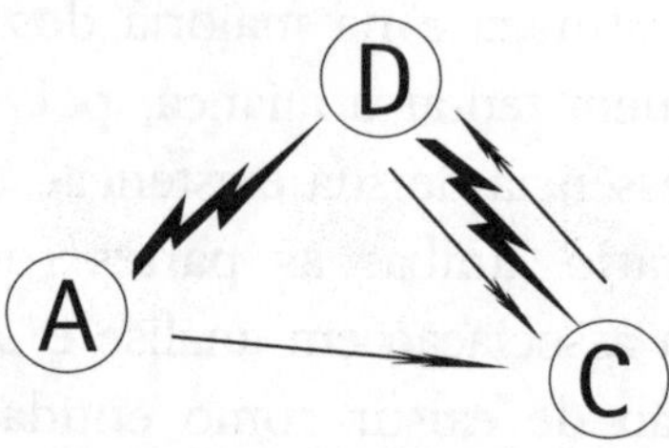

• *(A flecha linear indica vínculos em acordo; a flecha irregular indica vínculos em desacordo). Vemos que, apesar da aliança, o setor C continuará no campo contrário, com uma aliança circunstancial com "A" e enfrentado, também circunstancialmente, com "D". Por isso é que existe uma flecha de "C" a "D" (Antes "B") e vice-versa, como canal condutor de possíveis acordos contra "A".*

O erro praticado por A é que a divisão levada a efeito por sua ação no grupo contrário não lhe trará benefício futuramente, mas, pelo contrário, mais dores de cabeça. Pois, por não poder desfazer-se de sua missão a nenhum dos setores contrários (nem a B nem a C), terá de negociar e ceder frente a ambos: duas cabeças diversas mas que têm missão idêntica. A divisão que a priori era visualizada por A como positiva, conforme o dito popular "divide e reinarás", acabou complicando-o decisivamente, pois não se poderá conseguir a aliança permanente ou estável de C em virtude de seu destino como entidade, grupo ou corporação. Ou seja, que C nunca poderá entrar totalmente e de modo permanente no grupo A porque se teria sua extinção.

É absolutamente lógico acontecer o oposto, porque não se pode tentar destituir as entidades de sua própria natureza, por mais que se obtenha um lucro circunstancial. E assim, semelhante divisão se transformará numa ingenuidade total de quem tentou satisfazer seu interesse mediante essa aliança, pois ela não poderá operar em absoluto. Pelo contrário, vai se transformar, no futuro, num "monstro de duas cabeças" para quem, no começo, pensava que a divisão os enfraqueceria como contrapartida no campo da negociação.

8

O MUNDO DAS EMPRESAS E DOS NEGÓCIOS

(Formulado especialmente para *Pequenas* e *Médias Empresas* - *PME*)

Além de o mundo dos negócios e a vida empresarial serem muito complexos, pois exigem alta dose de eficiência e especialização, hoje em muitas empresas, pequenas ou médias, é o empresário (guiado por um costume típico da maioria das *PME*) quem gere a maior parte dos negócios. Isso se deve principalmente ao fato de **existir uma espécie de relutância em delegar a administração dos conflitos** que têm origem no crescimento normal do desenvolvimento e execução dos negócios de sua empresa.

O empresário profissional deveria ser um realizador e um executivo de negócios bastante especializado, com todo o seu talento e atenção a serviço da geração de oportunidades para sua empresa. A realidade, porém, mostra que, como um excesso prejudicial de tarefas, também se ocupa da **solução dos conflitos** causados por seus negócios.

Estamos falando do executivo que utiliza seu talento de homem de empresa, campo no qual, obviamente, se serve da negociação para gerar a atividade comercial que lhe é própria, mas que também tenta lançar mão dessa habilidade para resolver os conflitos que eventualmente possam acontecer no processo de execução dos negócios. Lembremo-nos que a técnica de negociação **será muito diferente conforme for aplicada sobre o mundo da criação e do desenvolvimento de negócios**, **ou sobre o mundo do conflito**, pois serão meios que deverão agir sobre campos de natureza totalmente diferente. Permitam-me a comparação: é como se resolvêssemos utilizar a mesma ferramenta tanto para pregar um cravo, como para podar a grama.

Esse tipo de empresário/negociador costuma desconfiar dos assessores, sejam seus colaboradores em relação de dependência ou profissionais externos como advogados ou contabilistas. Muito mais se lhe for apresentada a figura de um negociador profissional, porque o executivo tende a acreditar que não haverá ninguém mais bem capacitado do que ele para negociar, pois quem melhor do que ele para conhecer tudo acerca de como se chegou ao conflito? Sabe quem são os fornecedores, os competidores; conhece o mercado; conhece seus produtos, as falhas de seus produtos, as debilidades de sua organização; conhece a realidade econômica e também acredita que sabe como fazer para sair do problema. Mas o que ele não sabe é que tudo isso que ele conhece representa apenas um elemento no campo da resolução do conflito: os antecedentes. O resto é tudo o que procurei transmitir com este livro.

Agora entendo porque muitas vezes a desconfiança que o empresário tem está muito bem fundada, pois os assuntos tratados pelos chamados "especialistas", eventualmente terminaram em resultados decepcionantes para sua empresa. Nesse caso, porém, a resolução do conflito talvez tenha estado nas melhores mãos. E não porque se tratasse de gente incapaz, mas de gente colocada a fazer o que não sabe ou não deve e que simplesmente esteve a cargo do problema por uma relação de dependência ou de confiança com seu empregador ou cliente. A isso devemos juntar a enorme influência exercida por nossa velha "cultura *PME*", formada sob os moldes do empresário do passado, que começara com um pequeno negócio e depois, com energia e anos de luta, tornou-se proprietário de uma grande empresa. É logicamente provável que esse empresário (que talvez começasse com um pequeno comércio e terminou desenvolvendo uma empresa próspera, com grande faturamento e dezenas de empregados e fornecedores) não só tenda a dirigir todos os seus empreendimentos pessoalmente, mas que inclusive procure aconselhar esse estilo a seus seguidores, em geral seus filhos, pois essa prática é muito comum nas chamadas "empresas de família". Será muito difícil esses empresários se desfazerem desse estilo e começarem a cultivar outro tipo de relação com sua própria empresa, que consideram "criação" sua.

A realidade mostra que, na maioria das pequenas e médias indústrias, quando não é o próprio empresário (ou dono da empresa) quem procura resolver os problemas gerados por seus negócios, na melhor das hipóteses eles são administrados por aqueles profissionais que deveriam ocupar-se desses conflitos em outra instância: o confronto judicial ou extrajudicial. Quero dizer, embora os homens de negócios (chefes, funcionários, gerentes etc.) sejam ou possam ser empresários ou executivos profissionais, ao administrarem o conflito para tentar sua resolução, comportam-se como "negociadores autodidatas"[37] com ciência bastante diferente que têm em seu trabalho de gestão específica.

Em suma, vemos que a administração do conflito não fica nas mãos daqueles com melhor habilidade para resolvê-los (como o caso do empresário no mundo do desenvolvimento de negócios, ou dos profissionais do direito, nos litígios articulados nos tribunais).

---

[37] Com o perfil visto no capítulo primeiro.

Vê-se que estamos interagindo numa economia de mercado, o qual tem aparelhada uma crescente exigência de competitividade e bons resultados. A adaptação a esse modelo não foi nem será tarefa fácil, e no que se refere ao empresário, não há dúvida de que a aprendizagem e a prática dos instrumentos da negociação o ajudarão significativamente em suas tarefas. É por isso que valorizamos o pequeno e o médio empresário, pois se trata daquele que, muitas vezes, teve de desenvolver-se com escassos recursos, com uma estrutura de custos que o impossibilita contratar assessores especialistas, mas num mercado que não lhe perdoa os erros.

Mediante a introdução da problemática existente no manejo do conflito na organização de negócios, entramos no mundo do conflito, da empresa e do empresário.

O MUNDO DAS NEGOCIAÇÕES PESSOAIS OU EMOCIONAIS

• Um dos traços característicos da personalidade é a emoção

Uma das tendências erradas modernas, que andam às soltas por aí, foi a de destituir o ser humano de suas emoções, quando se trata de serem eficientes no manejo das crises, procurando fazer-nos acreditar que o negociador por excelência é pessoa fria e calculista. Como já disse várias vezes, no decorrer desta obra, nada mais errado do que isso. O que ocorre é que um bom negociador será aquele que souber manejar suas emoções de forma positiva, procurando colocá-las em confluência e harmonia com as de seus co-participantes. **É a empatia na negociação.**

O manejo, porém, das emoções para orientá-las nessa direção não é algo simples. A tarefa do profissional é manejar esse aspecto com total controle, ou, quando não puder consegui-lo, desista para não prejudicar o tratamento dos assuntos nos quais estiver envolvido.

Que quer dizer isso? Que tem a ver com as *PME* ou as corporações em geral?

Imaginemos pessoas, distantes umas das outras por desconfianças profissionais ou conflitos nas famílias, negociando entre si questões trabalhistas ou de negócios. Se não se sentirem capazes de se livrar de suas circunstâncias pessoais (o que sempre ocorrerá), verão a negociação circunstancial como o território em que também podem dirimir-se ou agravar-se seus conflitos preexistentes. Trata-se de outra acepção do que denominávamos um conflito de ator, pois "**atuarão**" numa negociação específica (que deveria ficar longe das paixões contrárias) o que os põe em litígio na tentativa de compor um cenário que lhes permita resolver conflitos pessoais que nada têm a ver com o assunto negociado[38].

As negociações marcadas por problemas pessoais motivam mal ou errado o negociador, sobretudo por ocasião dos negócios. Isso, colocado na vida da empresa significará que, entretanto, um gerente tenha de negociar com um fornecedor, além das desventuras pessoais que os opõem; que o Presidente da empresa de que se trata tenha de negociar com um membro do Diretório, ou do Conselho de administração no caso das cooperativas, apesar de os separar uma longa história de conflitos humanos[39]; ou simplesmente que o que negocia por parte da corporação seja um dependente que, por uma questão de cultura organizacional, esteja pensando que seu posto ou sua ascensão dependerão do sucesso ou do fracasso que tiver nesse assunto em particular. Essa pessoa, então, estará motivada de forma errada, o que a predisporá

---

[38] Imaginemos esse tipo de situação em empresas de natureza familiar.

[39] Fenômeno muito freqüente no caso de *PME* de localidades do interior do país, onde a proximidade e o maior conhecimento pessoal próprios de pequenos povoados geram relações de amor/ódio, que logo interagem em questões de negócios.

negativamente para o acordo e se encontrará, na maioria dos casos, sob uma grande tensão. E já sabemos que somente poucas pessoas dão o melhor de si sob uma grande pressão ou em situações-limites.

Em outra ordem de coisas, mas na mesma linha de "negociação *PME*", devemos considerar que é conveniente compreender a natureza sentimental que pode impedir os empresários do setor com relação à própria organização que administram, como também dos bens ou serviços que produzem. Pode ser estranho falar de sentimentos no mundo dos negócios e dos conflitos, mas tem de explicar-se a mentalidade particular que os "homens *PME*" têm. A respeito, poder-se-ia afirmar que têm para com sua empresa um sentimento muito semelhante aos da natureza familiar. E desde já, também com respeito aos negócios que geram, nunca foi tão bem utilizada essa palavra, pois os mesmos passam a constituir-se numa sorte de criaturas assimiláveis (com as brechas do caso) ao amor que têm por seus filhos.

Imagine se você estiver negociando com empresários de pequenas e médias empresas[40] e desqualificar sua organização ou seus produtos. Acredito que não poderia escolher melhor coisa para desagradar ou ser antipático para com eles, pois não só estará subestimando sua empresa, mas também estará molestando em suas angústias mais íntimas, quase degradando-o pessoalmente; pois é dessa natureza, **pessoal**, o vínculo entre o empresário da pequena e média empresa com sua companhia e seus produtos.

Portanto, no momento de negociar com eles, tenha presente as implicâncias de criticar o "laço sentimental". Por exemplo, você é um homem do sistema bancário e lhe parece muito deficiente a estrutura organizacional que tem a PME, pelo que está a ponto de sugerir-lhe que a atire ao lixo e adote uma nova ou "globalizada"

---

[40] É óbvio que dentro do contexto que analisamos. Naturalmente que existirão casos com mentalidade muito diferente à referida acima.

para ter possibilidades de aceder à linha de créditos existente. Antes de abandonar essa linha, pense o que você mesmo poderia sentir se alguém que lhe emprestasse dinheiro lhe sugerisse que primeiro mudasse a organização de toda a sua vida doméstica e, particularmente, a de seu lar. Que lhe responderia? Perdão, não ouvi bem... Para onde lhe diria que fosse?...

Então, para evitar ir aonde não desejamos, estabeleçamos uma boa empatia, estabelecendo um canal de diálogo que:

1. Seja respeitoso com o vínculo existente entre empresário e empresa.
2. Procure adaptar-se à estrutura de princípios que a mentalidade dos homens de pequenas e médias empresas conservaram durante toda uma vida.

   Para, logo a seguir, abordar os assuntos preocupantes.

Cuidado com suas críticas e lembre-se: provavelmente a pessoa com quem negocia sinta-se orgulhosa de sua maneira e forma de ser empresário, porque essa era também a de seu avô e de seu pai.

Por isso, nos casos em que as circunstâncias o tornem aconselhável, é necessário propiciar uma **mudança cultural na condução dos negócios e da administração dos conflitos que suscitam**, que permita às pessoas envolvidas em cada assunto agir na plenitude de suas capacidades profissionais, de trabalho e intelectuais, tornando eficiente a organização.

Para explicar melhor, apóio-me na mecânica dos gráficos presentes neste livro, com a intenção de representar a estrutura de condução ou gestão do conflito na organização empresarial (particularmente as chamadas *PME*), ao mesmo tempo que podemos estar em condições de distinguir os vários estilos de administração do conflito.

ADMINISTRAÇÃO DE CONFLITOS EMPRESARIAIS

Administração habitual dos conflitos

1° Estilo: O empresário ou a empresa assume todas as funções

Gráfico 11: Administração de conflitos empresariais

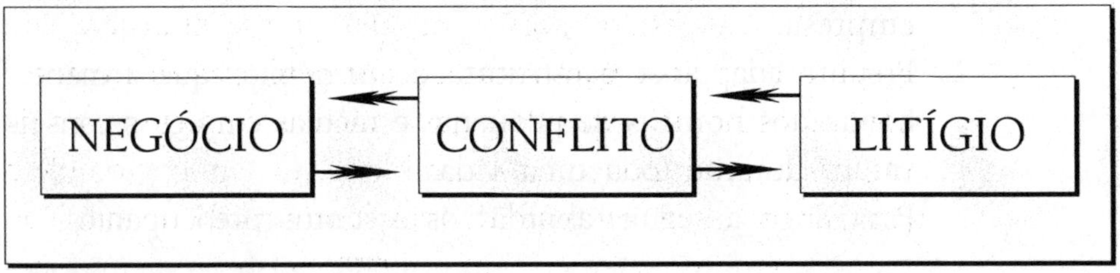

- Importantes empresas ainda escolhem como estratégia, ou simplesmente como atitude, encarregar-se de todos os assuntos com relação aos seus negócios e problemas. Ou seja, criam o negócio e tomam para si todos os seus encargos, incluindo os de conflitos que dele procedem, nestes últimos casos como autodidatas. Mas isso não é tudo: essas mesmas empresas (mediante seus próprios integrantes no caso de *PME* ou com o advogado interno) resolvem, chegado o caso, ir a juízo para defender seus interesses. Isso implica que a mesma pessoa ou diversos agentes de uma mesma empresa interajam em diferentes frentes de gestão (criação do negócio, negociação diante do surgimento do conflito e tramitação em Tribunais no caso de não existir um acordo extrajudicial), acreditando que podem comportar-se em todos esses campos com a mesma resolução.
- Conseqüentemente, acontecerão como a menor das coisas, ambas igualmente prejudiciais para o homem de negócios:

1) **Fora de seu âmbito profissional, negocia de forma improvisada** e na maioria dos casos com um forte compromisso emocional ou pessoal que o faz perder a visão estratégica.
2) **À medida que crescem seus negócios, na mesma ordem cresce a massa de questões que administra e maneja, perdendo eficiência de gestão.**

- Nesse tipo de cultura organizada, é freqüente a introdução desordenada em áreas de diferentes habilidades de gestão: note-se que ao ser a mesma empresa a que cria seus negócios e administra seus conflitos e crises, é impossível evitar a confusão na gestão, pois a mesma pessoa transfere um assunto específico para áreas de competências diferentes e com culturas diferentes. É o que acontece com empresas de organização um pouco mais complexa que têm como objeto realizar uma mais eficiente divisão funcional de trabalho, ao mesmo tempo que se cria um sistema de freios e contrapesos tendentes ao controle de capacidade e gestão. Esse tipo de estrutura, numa empresa como a que estamos analisando, será catastrófica do ponto de vista da negociação, pois todo mundo procurará intrometer-se, querendo dar sua opinião pessoal, na crença de que sua falta de participação os fará perder terreno no conceito de seus chefes. O resultado não poderia ser mais confuso, **tanto internamente, em que ninguém conseguirá entender exatamente de que trata o conflito, como externamente, em que se darão a anarquia e o descontrole no processo de negociação**.

2º Estilo: O empresário assume a função de realizador do negócio e resolve seus problemas. Quando esses não puderem ser resolvidos e transformarem-se em litígio, encaminha-se o mesmo a seu assessor jurídico.

Gráfico 12

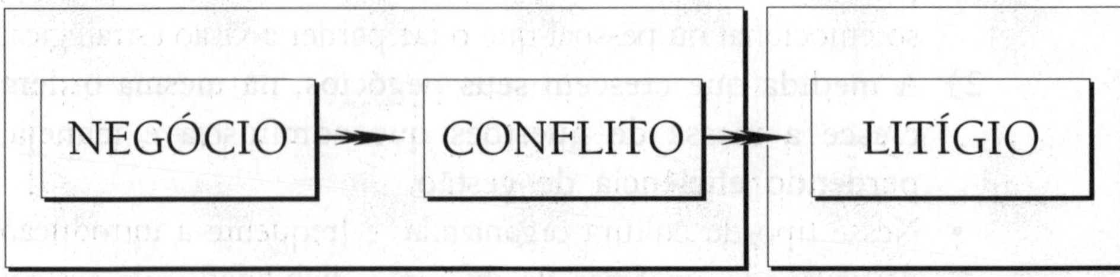

- Imediatamente após a criação do negócio, surge por qualquer motivo, o conflito. Então, não podendo com seu gênio, o homem de negócios procura redirecionar sua obra, acreditando que o conflito seja mais um aspecto do negócio. Na verdade, fazer negócios e resolver conflitos são artes bem diversas. E todo o tempo destinado a resolver conflitos será tempo perdido para a criação de futuros negócios. Além disso, o empresário estará navegando por mares desconhecidos, deverá improvisar, e os resultados não serão positivos; seja porque não se resolve convenientemente o conflito ou porque, ao resolvê-lo, perdem-se oportunidades de outros negócios de melhor qualidade.
- Em geral, o que se disse acima termina num conflito agravado que é entregue para seu cuidado (já litigioso) ao assessor legal, que nesse caso atuará como uma espécie de "bombeiro", pois deverá procurar apagar o incêndio produzido por uma crise de má gestão. É o caso típico do empresário que, obstinado, não quer desistir até o último momento de administrar o problema. Chega a um ponto no qual a crise explode como se fosse uma bomba nas mãos e, com isso, procura contratar os advogados que lhe faturarão cifras vultosas de honorários, ou lhe dirão que "*não mais é possível ressuscitar o morto*".

3º Estilo: O empresário assume apenas a função de armador do negócio. Os conflitos são resolvidos pelo assessor jurídico e, se não puderem ser resolvidos, o mesmo assessor atende o litígio.

Gráfico 13

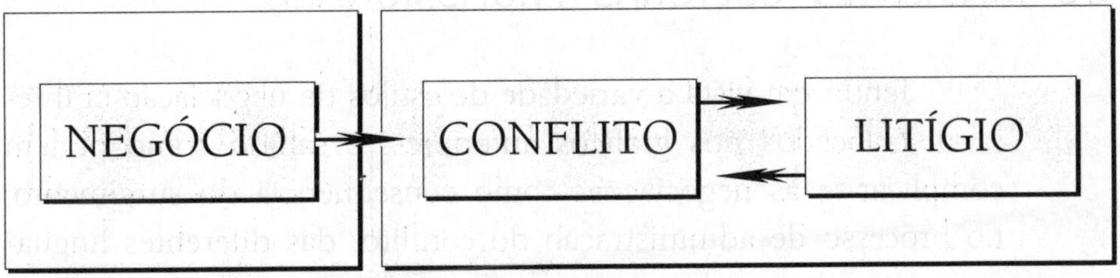

- Nesse caso, o empresário atua apenas na área de seu conhecimento. Ao surgir o conflito, cede seus cuidados ao dependente ou profissional de confiança (gerentes, contabilistas, advogados). Entre estes últimos, o escolhido é, na maioria dos casos, o advogado, pois o empresário supõe que é a melhor opção, tendo-se em conta seu conhecimento das leis e que será quem, no final, terá nas mãos o litígio no caso de não se chegar à solução negociada.
- Isso gera, entre outros, dois inconvenientes:

1) O advogado se servirá ao negociar apenas de seu talento natural (se o tiver), **pois não se trata de um negociador profissional**, com o risco de que seu interlocutor esteja nas mesmas condições e ambos terminem por agravar o problema.
2) A imagem desgastada do advogado será a que, de imediato, terá de ver-se no litígio com os mesmos interlocutores de outrora, tornando-se difícil (dificílima) a solução do conflito por meio de seu acordo extrajudicial. Por outro lado, anui ao litígio com uma possível frustração pessoal, por não ter podido evitar essa instância, não tendo a imparcialidade emocional conveniente.

A INCONVENIÊNCIA DAS MUDANÇAS DE LINGUAGEM OU DIFERENTES CULTURAS PROFISSIONAIS

Tendo em vista a variedade de estilos de negociação empresarial colocados nos gráficos anteriores, é sabido como podem complicar-se as negociações como conseqüência do surgimento, no processo de administração do conflito, das diferentes linguagens ou culturas de gestão que as empresas têm como traços próprios e característicos.

Ao longo de minha experiência, vi centenas de complicações como a aqui expressa. De fato, devemos partir do ponto de que cada empresa (dependendo de seu tamanho) terá diferentes áreas (contábil, comercial, administrativa, financeira, legal, de operações etc.) dirigidas geralmente por determinados profissionais, dependendo da especialidade que se exija em cada uma das unidades de gerenciamento (por exemplo, a gerência financeira será dirigida por contabilistas, a legal, por advogados etc.).

Como conseqüência dessa preeminência de especialistas, cada área adquire a cara de seus integrantes, com suas manhas mais comuns: sua linguagem e sua perspectiva particular das coisas. Exatamente o vocabulário e as diferentes perspectivas sobre os mesmos assuntos são aspectos manifestos que definirão as características e peculiaridades que os profissionais têm e, também, os geralmente chamados "vícios do ofício". Você nunca teve contato com o vocabulário kafkiano e absurdamente solene que, muitas vezes, nós advogados temos? Ou o dos engenheiros, lançando mão de sua abstrata e fria linguagem matemática? Agora imaginem-nos procurando comunicar-nos durante uma negociação complicada. Muitas vezes estarão absolutamente de acordo e entretanto estão brigando como cachorros! E nem falemos se há um médico fazendo apontamentos numa minuta de reunião! Nem o mais famoso arqueólgo poderá sequer adivinhar de que se tratou na reunião!

As possíveis complicações que acontecem em situações como

as apontadas **não são menores**, de modo que não é conveniente subestimá-las. Podem produzir-se numa mesma empresa, o que trará uma má comunicação interna. É muito difícil para a área de desenvolvimento de negócios chegar a entender como seu projeto é detonado pelos advogados da gerência legal, que de negócios nada mais sabem senão o nome, mas que não deixam de assustá-los com a astúcia de impedimentos legais e de regulamentos! E quando os advogados ouvem os contabilistas formulando técnicas, querem um dia livre! Se armarmos um grupo de tarefas entre todos eles, um ou outro engenheiro, teremos, com certeza, uma pequena torre de Babel na empresa.

Ora, suponhamos que nossa organização ou corporação viva um conflito com outra. Para se começar bem as coisas, em primeiro lugar deve haver, na própria organização de gestão, uma condução eficiente na administração do conflito, com o objetivo de bloquear o defeito da má comunicação por diferenças de linguagem que apontamos no início. A finalidade é que nas diferentes áreas da empresa se garanta uma boa qualidade de entendimento recíproco. Do contrário, acontecerá que na empresa haverá falta de controle e mesmo externamente haverá anarquia e debilidade.

Levando à frente essas hipóteses, se superarmos as dificuldades, negociaremos com a outra empresa que, por sua vez, pode ter qualquer dos estilos de administração do conflito visto através dos gráficos.

Durante todo o evoluir do conflito (sobretudo se for complexo e envolver diferentes áreas das diversas empresas) será normal um trabalho interdependente entre as diferentes gerências ou setores nas diferentes etapas do processo de negociação. Com isso, não é difícil observar que, se existissem problemas de comunicação nas diferentes áreas da mesma empresa, com maior razão existiriam problemas entre as diferentes áreas das diversas empresas que, acima de tudo, têm um problema entre si!

Damos maior importância a essa problemática porque, não

fazendo parte do conflito originário, pode gerar grande número de rusgas e mal entendidos, complicando a negociação.

De modo que, lembrados disso, devemos procurar neutralizar ou mitigar esses inconvenientes. Mediante os sistemas ou estilos de negociação empresarial tradicional (que são os que criam o problema) é bastante difícil conseguir, mas considerando que isso se deve a tendências culturais, costumes ou desconfiança em outras possibilidades, vou dar algumas sugestões:

- **Não se sinta indisposto ao tratar com outro agente de profissão diferente** como conseqüência de um prejuízo do tipo "os médicos são uns carniceiros" ou "todos os advogados são aves de rapina".
- **Ao entrar em contato com seus colegas ou co-participantes, procure estabelecer empatia**, evitando, em princípio, ir direto ao fundo do assunto, de modo que possam combinar num diálogo comum, a linguagem de que se vão servir.
- **Estabeleça uma base de linguagem desprovida de termos demasiado técnicos**. Como conseguir? Por exemplo, convidando seu colega que o corrija se empregar um tecnicismo próprio de sua profissão e que ele não compreende. Assim também o estará obrigando a observar idêntica conduta.
- **É importante determinar se os critérios utilizados aceitos na área de função são aceitos do mesmo modo na órbita de gerências diferentes**. Se existirem diferenças, ter-se-á de realizar um novo ajuste de comunicação com as diversas gerências, arriscando perder tempo e ganhar complicações.
- **Depois das reuniões, procure certificar-se de que todos os participantes se sentem bem com a linguagem ou comunicação empregada e se existe compreensão adequada sobre o que foi tratado.**

Considerações sobre a Administração do problema em e entre empresas

Ora, com o fim de neutralizar todas as complicações, fruto de maus esquemas de planejamento dos processos de negociação ou os problemas que trazem aparelhada a aplicação dos estilos anteriormente vistos, procurei desenhar uma proposta[41] que amenize os inconvenientes mais comuns durante as negociações empresariais, incluídos os que se originam da má comunicação entre as diferentes áreas de gestão.

Gráfico 14

[41] A presente proposta é sem prejuízo das sugestões anteriores que dei ao homem de empresa (por acaso, as correspondentes a resolver problemas de comunicação) e que funcionarão apropriadamente em qualquer esquema de tratamento do conflito. Embora a presente proposta devesse ser a tendência ideal para o manejo do conflito da empresa, por força de várias circunstâncias (que vão desde a organização da companhia, até os fatores externos) nem sempre é factível desenvolvê-la com relação aos casos concretos. Tendo consciência do anotado é que dirijo esta obra a todos os homens de negócios que não podem recorrer a **especialistas e devem transformar-se a si próprios em negociadores especialistas.**

"Não vá o sapateiro além do seu sapato!"

Como se pode ver, cada função é desempenhada pela pessoa mais bem preparada, com melhores habilidades e mais bem capacitada em cada atividade. Há um círculo de gestão e atuação sumamente especializada, na qual o que interfere é um profissional com vocação pelo que faz e preparado para cuidar dos inconvenientes que lhe podem ser apresentados. Assim, descarta a existência de agentes chamados a intervir em círculos de gestão diferentes que o fariam trabalhar sob pressão, titubear ou fracassar. Assim, pois, não existe interferência de funções, adquirindo-se a máxima eficácia na administração de cada processo.

Tampouco existe conflito de interesses entre os diferentes envolvidos, o que tornam ótimos todos os resultados: consegue-se economia de tempo, esforço e dinheiro.

Fazendo cada um sua tarefa, pois...

O homem de empresa não se preocupará com o problema mais do que se aconselha; quando se administra o conflito, não haverá preocupação com relação à gestão de negócios; e no caso de haver litígio, não deverá buscar espaços para a criação de negócios e a administração de conflitos. Assim, elimina-se todo tipo de interferências entre as diferentes estruturas organizacionais. Também, se forma a cultura da eficiência de gestão e de colaboração em detrimento da de confusão de funções. A empresa aparece com novos aspectos em todos os estágios da crise dos negócios, favorecendo – por meio do conceito "novas aspectos, nova história" — as possibilidades de distensão na crise. A interatuação entre as diferentes esferas não é cultural, mas de intercâmbio de informação. Surge a "***Dinâmica Organizacional***"...

- Por existirem diferentes atores nas diferentes esferas de atuação, cria-se uma vantagem muito auspiciosa na etapa do litígio, pois existem mais possibilidades de voltar à esfera da negociação (daí a dúplice flecha entre essas duas esferas).
- Na hipótese de o problema envolver duas empresas, diminuirão notavelmente os problemas de comunicação; pois por existirem áreas de tratamento do conflito semelhantes em ambas, também existirão vocabulários e culturas de gestão semelhantes. Para dar uma visão bastante simples, se percorrêssemos todo o caminho do processo que vimos analisando (criação do negócio, surgimento do conflito, negociação, fracasso e tramitação nos Tribunais), teríamos a seguinte interatuação: os empresários analisando seus problemas entre si, os negociadores com os negociadores e os advogados interatuando com seus colegas.

Possíveis riscos dessa modalidade

Há duas conseqüências possíveis de risco derivadas da aplicação dessa proposta:

A primeira se propõe no seguinte cenário: quando, após o surgimento do conflito e **tendo-se negociado**, **não se chega a um acordo** e se deve ir a juízo. Então, o risco que o homem de empresa corre é ter aplicado mais tempo, porque, com o sistema tradicional, se tivesse ido diretamente ao litígio, evitaria o tempo e o custo da negociação. Mas esse velho sistema quase não se utiliza, pois em quase todos os casos procura-se o estilo de negociar antes de se encontrar nos Tribunais. O que se deve lembrar nesse cenário é que se negocia mal ou com protagonistas não capacitados para a referida função; **eis por que a proposta é profissionalizar essa instância**. Se o empresário negociar o conflito, o faça tão profissionalmente como quando faz seus negócios (e espero que este livro seja uma boa ajuda para isso). De qualquer maneira, o empresário deverá fazer, como sempre, o cálculo de seus custos-benefícios e tomar a decisão de se esse modo de administrar seus conflitos será um gasto ou uma inversão. Ou seja, trata-se de uma decisão estratégica a mais de sua empresa.

O segundo risco é que se chegue ao extremo de que cada área funcional se encerre em si mesma (como conseqüência de seu capricho de ser eficientes e bastante especializados), que não tenha um conhecimento cabal da administração do conflito que se está realizando. Embora propicie independência e especialização, eu o faço a partir de uma visão de equilíbrio, pela qual o conselho é que, no caso de atuar de acordo com essas sugestões, existam reuniões com a periodicidade que as circunstâncias exijam, para pôr a par todos os executivos ou assessores que possam ter ligação com o problema (de uma maneira ou de outra), com o fim de informar e aceitar os diferentes pontos de vista.

Ótimo! Até aqui aprendemos a comportar-nos como autênticos negociadores e, nesse capítulo em particular, a atuar como empresários com um perfil negociador que nos permita administrar o conflito de nossas empresas mais eficientemente.

Vejamos a seguir se, verdadeiramente, terminou a tarefa do negociador profissional.

9

QUE FAZER PARA QUE OS ACORDOS SEJAM DURADOUROS

Em várias passagens deste livro procurei enfatizar a importância da análise da negociação entre as partes como um processo. Isso implica dar relevância **ao antes**, considerando o problema e suas causas, e também **ao depois**, prevendo todos os mecanismos necessários para que possa cumprir-se o que acordamos.

Muitas vezes, os negociadores são levados a pensar que nossa história foi um sucesso, porque conseguimos o acordo solicitado por nosso cliente. E é muito bom saber disso; mas nossa tarefa será muito mais gratificante se também pusermos o talento em atender a vida futura dos acordos.

O que se disse implica duas coisas:

a) Que faz parte de nossa tarefa a obrigação de dar atenção à factibilidade futura do normal e razoável cumprimento dos acordos e;
b) Que, embora não sejamos responsáveis por futuras contradições entre as partes, seremos por não deixar abertas as portas (contratuais, consensuais, vinculares) que podem funcionar, no caso de necessidade, como válvulas de escape

diante de eventuais mal-estares e, portanto, de convite à possibilidade do diálogo que possa reparar a anomalia de que se trata.

Existem diversas maneiras de garantir o caminho da prevenção já apontada. O que aqui se busca é evitar possíveis problemas futuros, ou então, diante da existência irremediável deles, deixar livres as vias para uma resolução pacífica.

Dou algumas sugestões.

ANTES DO PROCESSO DE NEGOCIAÇÃO

- **Reunir toda a informação possível acerca do comportamento da outra parte**, com o objetivo de evitar que se caia em erros ou mal-entendidos que possam prejudicar a relação no futuro. Por exemplo, se devemos negociar com pessoas de outras culturas ou religiões, mostrar-nos condescendentes com seus hábitos e costumes, respeitando horários ou ritos que possam ter.
- **Conhecer as relações que tenham gerado o problema**, para saber como interagir com cada elemento durante o processo de negociação. Por exemplo, se estivermos envolvidos num conflito de família, conhecer as várias funções que pode chegar a ter cada pessoa no esquema familiar, com a finalidade de respeitar (quando possível) hierarquias e posições no clã. Se não o fizermos, com certeza, granjearemos muita antipatia.

DURANTE O PROCESSO DE NEGOCIAÇÃO

- Seguindo o ensinamento da escola de Negociação de Harvard, **recomenda-se fomentar as relações pessoais entre as partes**, tanto durante a negociação quanto depois dela. Com isso se conseguirá estimular a confiança entre os diferentes interessados e, assim, evitar futuros incidentes ou, eventualmente, tratá-los da melhor maneira possível. Que exista uma relação pessoal não implica, de imediato, que todos se tornem amigos inseparáveis: bastará um telefonema ou algo parecido de vez em quando, lembrar os aniversários e compartilhar um almoço de tempos em tempos.
- **A inatacável conduta das partes** durante o processo de negociação, além da dureza com a qual se tenha negociado, será valioso antecedente para interpretar futuras atitudes pós-contratuais. Pelo contrário, um acordo conseguido logo após brincadeiras tingidas de má fé predisporá negativamente para a valorização de futuras circunstâncias e atitudes. *O trabalho do negociador é a melhor maneira de estimular a confiança futura.*
- **Fundamentalmente nos contratos que terão longa vigência**, claro que, em tempos prolongados, é muito difícil que as condições do negócio, a equação econômica do contrato e as circunstâncias particulares das partes permaneçam inalteráveis. No caso de o exposto acontecer e ser razoável sua atenção, deve-se deixar preparada a via para renegociar as cláusulas contratuais originais que, pelas referidas circunstâncias, tenham gerado um desequilíbrio posterior. A proposta é que o teor do contrato não seja tão rígido que a única maneira de sair de suas imposições será quebrando-o. *Deve-se deixar claramente estabelecida a possibilidade de futuras renegociações.*

- **Mostrar-se enérgico no que diz respeito à exigência do cumprimento da palavra alheia** é um bom sinal, que damos à outra parte, de que da mesma maneira continuaremos fazendo na etapa pós-acordo.
- **Não deixar "ocultos" assuntos que possam encontrar-se relacionados com o cumprimento do futuro acordo**. Uma vez fechado, será muito desagradável procurar voltar atrás.

ETAPA PÓS-ACORDO

- **Todas as vezes que tentar modificar algum uso ou costume derivados da vida do contrato, jamais dar por subentendida a conformidade da outra parte**. *É bom fazer uma consulta prévia.*
- Em relações contratuais muito complexas, que incluem multiplicidade e obrigações das partes, com multas pecuniárias (ou de qualquer outra natureza) dependentes de variáveis muito instáveis, **não é adequado programar periódicas rodadas de consulta entre partes e efetuar uma verificação e análise do estado de coisas**.
- **Evite desfazer o cumprimento de suas obrigações com a desculpa de que "esqueceu" propor, no processo de negociação, uma determinada questão relacionada com o acordo**. Por exemplo, se você estiver alugando uma propriedade sobre cuja renda se discutiu longamente, não tente na etapa pós-acordo condicionar o pagamento à realização de uma determinada melhoria do imóvel, o que deveria ter sido discutido muito antes.

Gráfico 15

Os antecedentes do conflito, o processo de negociação e a etapa pós-acordo, para conseguir que este último seja durável.

Antecedentes	PROCESSO DE NEGOCIAÇÃO	**Etapa pós-acordo**
Revisar a relação que origina o conflito. Juntar informações. Planejar uma estratégia que sempre preserve a integridade do adversário.	Negociar com boa técnica e boa fé. Não confundir pessoas com problemas. Sempre cumprir as promessas. Mostrar-se enérgico com o cumprimento da palavra dos outros. Contemplar saídas contratuais que atendam a existência de conflitos futuros. Não deixar assuntos no ar ou inconclusos que tiveram a ver com o cumprimento do futuro acordo (procure fechar todos).	Conservar ou estimular as boas relações entre as partes. Em casos muito complexos fazer reuniões de consultas sobre o ritmo da execução do acordo. Não modifique hábitos unilateralmente. Não tocar em assuntos que tenham ficado inconclusos, pois provocará a irritação da outra parte.

10

CONCLUSÃO: OS DOZE MANDAMENTOS DO BOM NEGOCIADOR

Ao chegar ao final desta obra, você deverá ter adquirido muitos conhecimentos. Alguns deles você já tinha, mas não de maneira organizada. Tampouco sabia muito bem quando se servir deles e como. O restante é informação totalmente nova. Entre os dois, você manejará uma importante gama de recursos que, com a devida prática, há de qualificá-lo como um negociador profissional. De imediato, poderá fazer "pós-graduação", e um dia, talvez, possamos nos encontrar analisando juntos a teoria e a prática da negociação avançada. O certo, porém, é que hoje mesmo você poderá negociar muito mais eficientemente do que antes todos os seus assuntos.

Entretanto, não acredite que hoje triunfará em todas as suas negociações, pois o que aprendemos não é magia. O imprevisível e complexo mundo das relações humanas tornam possível um assunto como a negociação ser pouco parecida com uma ciência exata e ter muito de arte e intuição[42]. Garanto-lhe,

---

[42] Concordem: "inteligência mais velocidade".

porém, que, quando você não conseguir mudar suficientemente o rumo das coisas para sentir-se plenamente satisfeito, sentirá que essas coisas estão sob seu controle, como nunca anteriormente. E isso porque agora você tem a maneira de administrar o conflito e prever suas conseqüências. Saberá quando estiver "a ponto" de negociar e quando estiver numa posição de fraqueza. Nessa fraqueza, se não conseguir superá-la, se mexerá com muito mais presteza do que antes. Saberá que existem negociações mais difíceis do que outras e como podem terminar. Saberá como tecer suas malhas de contenção, suas alternativas. Enfim, toda uma série de conhecimentos que serão muito úteis para sua atividade ou profissão.

Como desejo que a informação contida na presente obra seja ampla e possa tornar-se um tanto complicado lembrá-la e organizá-la no momento de começar uma negociação ou efetuar o devido planejamento, darei como ponto de apoio uma lista de normas. Assim como as principais religiões têm uma série de preceitos, cumpridos os quais o praticante será mais virtuoso, se você cumprir com os meus, **com certeza será um negociador melhor**.

Cada um deles encerra uma série de medidas e de práticas a realizar, como uma espécie de mãe de outros recursos a ser empregados. Numa rápida visualização de conjunto lhe permitirá recordar tudo o que viu neste livro.

Sem ser uma "tábua sagrada", mas uma síntese do projeto *Negociemos!*", apresento-lhe meus mandamentos:

1º **Evite iniciar uma negociação, pensando que o acordo com seu adversário seja a única saída possível**. A bondade que a negociação tem é, precisamente, não ter de aceitar o que não nos agrada. Tenha sempre vias de escape e alternativas.

2º **Nunca, jamais, quebre uma promessa**. Você não será negociador de uma única negociação, mas durante toda a sua vida. Em todos os casos procure apostar a longo prazo e angariar fama de ser negociador eficaz e honrado.

3º **Não fique calado: a arte de obter informação deve praticar-se com bom diálogo**. Ao mesmo tempo seja cauteloso com a informação que dá durante o diálogo ou através de seus gestos.

4º **Analise sempre a relação sobre a qual está assentado o conflito**, pois ele jamais será um *fato autônomo*.

5º **Planeje sempre**, tanto antes como durante a negociação.

6º **Seja justo**. Obter uma vitória desproporcional em prejuízo do adversário, implicará ter um adversário para toda a vida. Aposte em que os acordos sejam duradouros.

7º **Evite encurralar seus adversários** durante o processo de negociação. Muita pressão sobre um adversário pode causar efeitos totalmente imprevisíveis.

8º **Seja versátil**, não prolongue sua natural forma de ser pessoa em seu estilo de negociação, pois será muito previsível.

9º **Se estiver certo de cumpri-la**, é preferível que durante uma negociação **não formule uma ameaça**.

10º **Em negociações multipartidas, tente sempre estabelecer alianças positivas**. Se opuserem alianças a suas pretensões, procure diluí-las.

11º **Realize negociações empresariais profissionais**, estabelecendo canais de **comunicação baseados em linguagens semelhantes**.

12º **Deixe a salvo as boas relações entre as partes e estabeleça cláusulas contratuais que possam dar cabimento a renegociações futuras** no caso de mudanças nas condições originais do acordo.

E se permitem mais um, **lutem, lutem sempre**. **Em qualquer cenário de negociação jamais nos devemos dar por vencidos.**

"Não te dês por vencido, nem mesmo vencido; não te sintas escravo, nem mesmo escravo, trêmulo de pavor, mostra-te bravo e arremete feroz, mesmo ferido..." (Piu avanti, de Almafuerte)

ÍNDICE DOS GRÁFICOS

BIBLIOGRAFIA

AGULLA, Juan Carlos. *La promesa de la sociología*, Buenos Aires, Editorial de Belgrano, Colección Textos, 1984.

ALBRECHT, Karl y ALBRECHT, Steve. *Cómo negociar com éxito*, Buenos Aires, Granica, 1998.

ALTSCHUL, Carlos. *Dinámica de la negociación*, Buenos Aires, Granica, 1999.

COHEN, Herb. *Todo es negociable*, Barcelona, Editorial Planeta, 1981.

CALAIACOVO, Juan Luis. *Negociación & Contratación Internacional*, Colombia, Ediciones Macchi, 1992.

FICHTER, Joseph H. *Sociología*; Barcelona, Editorial Herder, 1979.

FICHTER, Roger; URY, William y PATTON, Bruce. *Sí, de acuerdo*, Colombia, Grupo Editorial Norma, 1995.

FLEMING, Peter. *Aprenda a negociar con éxito*, Barcelona, Ediciones Gestión 2000, 2000.

FREUND, James C. *Smart Negotiating*, New York, Simon & Schuster, 1992.

GOLEMAN, Daniel. *La inteligencia emocional*, Buenos Aires, Javier Vergara Editor, 1996.

RAIFFA, Howard. *The art and science of negotiation*, Cambrige, Harvard University Press, 1982.

SITNISKY, Mario. *De la Negotiation*, Buenos Aires, Editorial Argonauta, 1985.

SUN TZU. *El arte de la guerra*, China, séc. IV a.C. (data presumível de sua criação), Ediciones en Lenguas Extranjeras, Beijing, 1994.

URY, William. *Supere el No*, Bogotá, Editorial Norma, 1995.

VV.AA. *Negociación 2000*, colección Conflict Management, compílación Danny Ertel, Editorial Mc Graw Hill.

ÍNDICE

Sistema CTcP,
impressão e acabamento
executados no parque gráfico da
Editora Santuário
www.redemptor.com.br - Aparecida-SP